优秀英语学习者培养丛书

当朗读遇见戏剧

——读者剧场在中小学英语阅读教学中的实践探索

徐国辉　李　艳　主编

首都师范大学出版社
CAPITAL NORMAL UNIVERSITY PRESS

图书在版编目(CIP)数据

当朗读遇见戏剧：读者剧场在中小学英语阅读教学中的实践探索 / 徐国辉，李艳主编. —北京：首都师范大学出版社，2023.5(2025.4 重印)

(优秀英语学习者培养丛书 / 徐国辉主编)

ISBN 978-7-5656-7369-6

Ⅰ. ①当… Ⅱ. ①徐… ②李… Ⅲ. ①英语—阅读教学—教学研究—中小学 Ⅳ. ①G633.412

中国国家版本馆 CIP 数据核字(2023)第 015752 号

DANG LANGDU YUJIAN XIJU

当朗读遇见戏剧

——读者剧场在中小学英语阅读教学中的实践探索

徐国辉　李　艳　主编

丛书策划　王　静
责任编辑　王　静
首都师范大学出版社出版发行
地　址　北京西三环北路 105 号
邮　编　100048
电　话　68418523(总编室)　68982468(发行部)
网　址　http://cnupn.cnu.edu.cn
印　刷　北京印刷集团有限责任公司
经　销　全国新华书店
版　次　2023 年 5 月第 1 版
印　次　2025 年 4 月第 2 次印刷
开　本　710mm×1000mm　1/16
印　张　13.25
字　数　218 千
定　价　49.00 元

总 序

徐国辉老师是我在北京教育学院的同事，也是长期协作的研究伙伴。他对中小学英语教育研究的深厚情怀、对研究过程的严谨投入、对研究环节的细致打磨、对研究产出的丰富表达都给我留下了深刻印象。如今徐国辉老师关于优秀英语学习者培养的研究成果即将付梓，邀我作序，我自是欣然接受，与有荣焉。

“学会学习”是学习能力的通俗表达，是中国学生发展核心素养的重要内容之一。学会学习素养关乎我国教育质量提升，也是公民自我完善和建设学习型社会的重要保证，同时还是落实立德树人根本任务的育人维度之一。《普通高中英语课程标准(2017 年版 2020 年修订)》及《义务教育英语课程标准(2022 年版)》都强调了提升中小学生英语学习能力的必要性及重要性，即教师需要引导学生乐学善学，帮助学生学会学习，使学生成为终身学习者。然而，学生不是天生就会有效学习的，需要后天持续培养。国际上的脑科学相关研究也表明青少年时期是培养学生自主学习意识与能力的关键时期。

为了回应“如何培养优秀的英语学习者”这一核心问题，徐国辉老师组织编写了这套优秀英语学习者培养丛书。该套丛书计划涵盖中小学生英语学习能力培养的内涵以及各种培养路径，目前已经出版的《2＋7 英语阅读策略培养——全球视野下的本土实践》《培养优秀的阅读者——阅读圈在中小学英语阅读教学中的实践探索》《当朗读遇见戏剧——读者剧场在中小学英语阅读教学中的实践探索》三本书以阅读为突破口，翔实地解读了积极阅读者的内涵与培养路径。后续计划出版“中小学生英语学习能力培养”“促学评价”“项目学习”“教育戏剧”等主题图书。

该套丛书有以下三个特点：第一，基于国际视野的本土研究。丛书中的培养优秀英语学习者的策略和路径模型是在扎实、严谨的国际相关理论和实践研究的基础上提出的，关于学生英语学习能力培养的学术阐述具有综合性、前沿性、时代性等特征，对丰富国内相关理论研究、开阔教师们的视野具有重要意义。第二，基于研究的实践经验提炼。丛书中的策略路径是徐国辉老师及其团队扎根一线的多年课题研究成果。研究者基于理论学习提出培养优秀英语学习者的教学主张，并通过扎实的行动研究和课例研究形成中小学生英语学习能力培养策略和实践路径。第三，可操作性极强的中小学生英语学习能力培养教学案例和工具提供。丛书中收录了各个主题的典型教学案例以及大量教学工具，这些案例和工具都是徐国辉老师及其团队中的一线教师集体设计、实践、反思改进而形成的，为其他一线教师借鉴、迁移提供了方法工具库，也使得本套丛书中的研究成果更具有可推广性。

这套丛书无疑是适合中小学英语教育研究者和实践者阅读的，其学术研究过程、形成的研究成果都值得研究者和实践者借鉴。期待有更多的研究者加入优秀英语学习者培养的研究行列中，不断丰富相关理论和实践研究；更期待广大教师和学校通过借鉴本套丛书中的理念和方法工具，促进孩子们喜欢学英语、学好英语，不断提升英语学习品质，助力教师们通过优秀英语学习者的培养更加坚定立德树人的教育信念，获得更为丰富和深邃的教育成就。

北京教育学院教授、教育部“国培计划”专家库专家　张金秀

2023 年 4 月

前　言

读者剧场是在北美、澳洲乃至中国台湾地区都非常流行的一种教学方式，其兼顾朗读与戏剧表演的双重特征，可以在很大程度上提升学生的语言流利度、文本理解力、学习自信心、团队合作能力以及创造力。读者剧场是一种特别适用于课堂教学的学习方式，也是保证核心素养落地及落实“双减”政策的有效途径之一。2022 年教育部刚刚颁布的《义务教育英语课程标准（2022 年版）》也首次明确地将读者剧场列为推介的学习方式之一。然而，对于大多数中小学一线英语教师而言，读者剧场这个概念似乎还比较陌生。从市面上看，目前国内关于英文读者剧场的书籍基本都是以剧本的最终形态呈现，而缺乏如何基于阅读素材进行剧本改编、如何指导学生排练剧本，以及如何将读者剧场与课堂教学结合的书籍。

为了弥补以上不足，基于近 5 年的校本实践，我们最终决定编写一本适用于中小学英语教师开展读者剧场教学的参考用书。本书共涵盖五章，第一章深度解析了读者剧场的定义与内涵，并提炼了读者剧场对提升中小学生英语学习动机、自信心、合作能力以及创造力的独特价值；第二章阐述了如何有针对性地选材、如何改编剧本、如何在课堂中实施读者剧场教学，以及如何评价学生参与读者剧场活动的效果；第三章及第四章是本书的主体内容，分别呈现了小学段与中学段共计 14 个完整的读者剧场教学案例；第五章以叙事的方式，分别从教师和学生的视角阐述了读者剧场给师生带来的惊喜。为了让读者有更多的收获，我们在编写这本书的过程中试图体现并突出以下特色。

第一，主题育人导向。任何一种学习方式都是促进学生发展的教学手段，而非教学的目的。在读者剧场的剧本选材方面，本书的剧本素材兼顾了人与自我、人与社会及人与自然三大主题，最终达到借助读者剧场这一方式实现立德树人根本任务的目的。例如：第三章第六节呈现了基于故事绘本 *Pete the Cat* 的读者剧场教学案例，旨在引导学生探究如何永葆乐观精神；第四章第五节呈现了基于校园故事读物 *Uncle Al Goes Camping with Us* 的读者剧场教学案例，旨在引导学生探究如何发现他人亮点；第四章第七节呈现了基于自然科普读物

Born to Be Free 的读者剧场教学案例，旨在引导学生探究如何创造和谐生态。

第二，多元体裁导向。提到读者剧场，许多老师一定会以为只有故事语篇才适合读者剧场教学。其实不然，读者剧场可以运用于各种体裁，因此本书收录了教材对话、教材故事、多角色故事绘本、单角色故事绘本、艺术类科普读物、自然科普类读物、诗歌等多种体裁的读者剧场教学案例，旨在说明任何体裁的文本都是适用于读者剧场教学的。但本书第二章也做了进一步说明，在读者剧场教学的最初实践阶段，还是建议教师先利用现成剧本或富含多角色对话的文本开展读者剧场教学，随着实践的深入和对读者剧场理解的深入，可以逐渐拓展到其他体裁的文本，慢慢体会读者剧场的魅力。

第三，实践过程导向。本书中所提供的 14 个教学案例均体现了过程导向，这些案例都是教师在教学中实践出来的，涵盖小学和中学两个学段，每个案例蕴含 9 大要素：引言、文本解读、学情分析、教学目标、教学流程图、教学实施过程、读者剧场剧本、教学反思及专家点评。这样可以让读者更加系统地理解读者剧场教学的整个实践过程，并将其实施逻辑迁移到自己的教学中。需要强调的是，包含文本解读、意群断句、角色分工、台词改编、动作与道具的设计、舞台站位等在内的读者剧场的关键要素都需要一步步落实。本书的每个案例都在不同程度上体现了对学生这些方面能力的培养，特别是第四章第五节"发现他人亮点——校园故事读物 *Uncle Al Goes Camping with Us*"，较好地呈现了从教师示范讲解读者剧场的要素到逐渐放手让学生自主改编台词并表演的过程。此外，为了让读者能够直观感受读者剧场的魅力，本书还在一些案例中配上了学生表演视频的二维码。这些视频既有在教室中录制的，也有在正式舞台背景下录制的。需要强调的是：我们开展读者剧场教学的最终目的不是为了参加比赛或赢得荣誉，而是希望老师们能将读者剧场有机融入日常教学中，从而更加有效地提升学生的核心素养。此外，案例中所提供的剧本与二维码视频都仅仅代表着一种可能性，并不代表完美状态，仅供大家参考，教师可根据实际情况进行调整。

第四，灵活开放导向。读者剧场的魅力在于剧本改编的开放与灵活，大家在阅读与使用本书的时候，可以直接借鉴案例中的教学步骤与剧本，但我们建议当学生熟悉了读者剧场的开展流程之后，特别是针对小学段高年级及中学段的学生，教师可以逐渐放手让学生以小组形式自主改编台词，充分调动并发挥学生的主动性、想象力与创造性。本书中许多案例中的剧本都是学生自己改编而成的，如第四章第二节“理解体态语言——教材说明文语篇 *Body Language*”就是一个典型样例。该教学案例中的学生来自房山区张坊中学，为远郊区农村校的学生，但当授课班级的学生熟悉了读者剧场的开展流程及把握好相关要素之后，该班班长自发地组织同学将一篇两三百字的关于体态语的教材语篇改编成了全班 28 人全部参与的读者剧场剧本，并创造性地设计了对应的动作与道具，最终呈现了一次近乎完美的表现，进而实现了学生从被动学习到主动学习的转变。

第五，专业发展导向。除了前四章的理论与实践案例之外，本书还特别增加了第五章，旨在通过生动的案例故事，让老师们看到读者剧场是如何促进师生发展的。每个教师的案例故事均从“我是谁”“我与读者剧场的初识”“我如何深入理解读者剧场”“我如何实践读者剧场教学”“我在读者剧场教学中有哪些收获”5 个维度展开叙述；每个学生的发展案例都涵盖了学生的基本信息、参与读者剧场的过程以及参与读者剧场之后的感想。在该章最后的“师生发展效果概述”部分，我们还结合这些案例故事做了深度文本分析，从师生发展的视角再次印证了读者剧场对于全面提升学生核心素养的价值，并突出了教师参与其理论学习并持续实践的重要性，期待能为其他一线教师开展读者剧场教学提供动力与方向。

本书的编写是集体智慧的有力体现。10 年来，作为主编，我们先后经历了从最初听说“读者剧场”这一概念，到通过在线案例学习、实地观摩、文献学习、参加相关工作坊活动等方式深度体验并理解读者剧场，再到通过讲座及工作坊等方式培训其他教师的过程。在此过程中，我们与一线教师互相影响、互相学习，在大家共同的努力下，其中一些教师在自己的学校开展了较为系统的实践，这为本书的编写提供了大量新鲜的本土素材，其中一些优秀教师也成为本书的编写者。具体而言，本书的编写分工如下：本书的前言、第一章及第二章由北京教育学院徐国辉副教授撰写；第三章第一节和第七节由北京市海淀区和平小学尹彧老师撰写；第二节由北京十二中朗悦学校高云蕾、李艮艳老师撰写；第三节由北京十二中朗悦学校刘莲老师撰写；第四节由北京十二中朗悦学校晋玉洁老师撰写；第五节由北京十二中朗悦学校王冕老师撰写；第六节由北京十二中朗悦学校刘红梅老师撰写；第四章第一节由北京十二中朗悦学校蔡夏老师撰写；第二节由北京市房山区张坊中学李云军老师撰写；第三节、第四节、第六节、第七节由北京市八一学校史小鹍老师撰写；第五节由北京市房山区第四中学林岩老师、北京市第五中学通州校区郭美岐老师撰写。第三、四章的案例由北京教育学院徐国辉副教授、郄利芹副教授、曹志华副教授、李健莉博士、柯丹老师、李小川老师，以及来自北京十二中朗悦学校的北京市正高级教师李艳老师、北京市八一学校的北京市骨干教师史小鹃老师、北京市广渠门中学的北京市学科带头人郭颖老师点评；第五章第一、二节由教学案例提供者共同完成，第三节由北京市广渠门中学郭颖老师撰写。本书两位主编徐国辉老师与李艳老师负责全书的统稿工作。

在本书的写作过程中，我们得到了许多人的支持与帮助，除了感谢编委会各位成员的辛苦付出外，我们特别感谢尹彧老师对案例剧本的优化，感谢史小鹃老师、刘红梅老师对全书书稿的校对，感谢首都师范大学出版社对本书出版的大力支持。

读者剧场教学在我国仍处于初步探索阶段，由于我们团队的研究与实践能力有限，疏漏与错误在所难免，恳请大家批评指正！

徐国辉　李　艳

2022 年 3 月

目 录

第一章　读者剧场的内涵与价值

第一节　读者剧场的内涵

读者剧场作为一种教学方式，自 20 世纪 70 年代起已在北美、澳洲等地区风靡近 40 年，于 2006 年前后开始在中国台湾地区受到重视并逐渐在中小学课堂开始盛行(林昌毅，2016)。近年来，读者剧场逐渐受到中国大陆地区广大英语教师的关注，成为王蔷教授领衔的中国英语阅读教育研究院所推介的教学方式之一，部分一线教师也初步开展了比较零星的教学实践。在中国知网利用篇名检索“读者剧场”，截至 2022 年 1 月 7 日，只检索到了 55 篇相关文献。检索结果还显示，最早的一篇文献出现在 2006 年，自此年度文献量总体呈上升趋势，但 2019—2020 年，年度文献量也仅有 10 余篇。教育部在 2022 年颁布的《义务教育英语课程标准》中首次将读者剧场作为一种促进学生合作学习的方式提及，可见读者剧场对于学生核心素养的发展具有独特的优势，在阐述读者剧场的教育价值之前，我们有必要先了解一下什么是读者剧场。

读者剧场，又名朗读剧场，其对应的英文拼写有若干形式，主要包括：Readers Theater、Readers Theatre、Reader’s Theatre、Readers’ Theatre、RT 等(林昌毅，2016)。读者剧场是两个及两个以上的朗读者手持台词把剧本朗读出来，不用背诵；其他舞台元素，如走位、服饰、灯光等也减至最低，故主要以声音传情达意。观众靠听和看接收讯息，同时通过想象在脑海里建立自己的艺术世界(何洵怡，2004)。换句话说，它是心灵剧场(Theatre of the Mind)，即读者剧场的魅力来自朗读者的声音张力，给观众以意念与想象，利用声音将观众带往剧本的世界(Coger & Melvin，1982)。可见，读者剧场兼顾朗读与戏剧表演的特征，但又与二者有明显的差异。与传统的朗读不同，读者剧场强调合作式的朗读角色分工，而不是个体独白或全班集体朗读；与传统的戏剧表演不同，读者剧场不需要太大的舞台，在教室里进行即可，同时读者剧场不需要花费大量金钱购买服装道具，也不需要花费大量时间布置舞台。

实际上，读者剧场在发展成熟之前还有许多别称，比如 Interpreters Theatre、Chamber Theatre、Platform Theatre、Concert Theatre、Group Reading、Multiple Reading、Staged Reading、Theatre of the Mind、Drama of the Living Voice 等(何洵怡，2004)。从溯源的视角来看，读者剧场这种形式的产生与发展受到了德国表现主义戏剧大师贝尔托·布莱希特(Bertolt Brecht)的巨大影响。从 20 世纪 50 年代开始，一些剧作家开始采用未经装饰的舞台背景，剧本中只设计少数必要的道具，如桌子、椅子等。60 年代后，读者剧场的概念开始引入美国某些大学中。70 年代后，美国一些大学毕业生加入教育工作行列并将读者剧场的概念迁移到中小学的课程教学中。从那时起，读者剧场开始广泛应用于中小学课堂教学中，至今已受到世界各国越来越多的学者及一线教师的重视与青睐。

第二节　读者剧场的价值

读者剧场对于中小学生的英语语言学习而言具有独特的优势，主要体现在以下几个方面。

一、可以提升学生的文本理解力与阅读动机

学生参与读者剧场活动的前提是读懂剧本，即读懂所朗读的台词文本。在理解文本的过程中，学生需要了解文本的体裁、文本的主题词汇，需要分析并感受文本中人物的情感及所处的环境。读者剧场因兼具朗读与戏剧表演的特征，可以激发学生的多元智能，具有很强的趣味性。同时，它给学生提供了与阅读文本真实互动的理由(Worthy & Prater，2002)，即为了能够在同学面前成功表演剧本，学生需要积极与同伴合作，努力赢得听众的认可。此外，学生在文本、角色及表现方式等方面都有较大的选择权，也利于激发学生的学习激情(Tsou，2011)。

二、可以提升学生的朗读与倾听能力

在理解文本的基础上，学生还需要不断练习选用恰当的语音、语调、音

量、停顿、动作，以呈现对文本的深度理解，其词汇解码能力、阅读速度、朗读表现力和韵律感会大大提升（Young & Rasinski，2009；Karabag，2015；Lekwilai，2014）。学生在编排、演练读者剧场剧本的时候，需要分工合作，倾听彼此的台词，这样才能保证读者剧场活动的整体推进。学生作为听众，能通过倾听并感受其他学生的朗读与表演，捕捉不同角色朗读的音调，感受剧本内容所处的三维空间，如故事发生的时间、地点、人物特征、情节发展等。

三、可以提升学生的想象力与创造力

因为读者剧场不倡导舞台装饰、不倡导不必要的道具与化妆，也不倡导过多的舞台走位，而是特别倡导用朗读者的声音来传情达意，在必要时朗读者可以创造性地借助卡片、课本、报纸、文具、凳子等随手可用的可视化道具及其音效，辅助对文本意义的呈现，以引导听众通过想象构建剧本内容所处的三维空间，同时根据文本体裁，还需要对目标文本进行必要的改编与创编。从另外一个视角看，创编及呈现读者剧场是一个集体创造产品的过程，也是问题解决的过程，此过程特别有利于学生创造力的发展。

四、可以提升学生的合作能力

合作能力是英语课程核心素养的重要组成部分，也是学生步入社会时所应具备的关键能力。北京师范大学中国教育创新研究院院长刘坚教授等人关于“5C”核心素养的研究表明：合作素养对于促进个体发展、实现组织目标、维系社会运转并推动社会进步具有重要意义。具有良好合作素养的学习者学业表现往往更好，这正是因为学习产生于人类的协同机制和人与人的交往之中（刘坚，等，2021）。读者剧场恰好具备合作学习的特征。这种合作学习不是简单的小组成员坐在一起，而是小组成员为了共同的目标通力协作。读者剧场为学生提供了许多与同伴互动交流的机会，包括文本的选择、文本的改编、台词的角色分工、舞台站位与表演的合作等。学生很清楚，为了团队共同的目标，每个人的角色和每个人的参与都是很重要的，可谓缺一不可。同时在彼此沟通的过程中，学生能了解彼此的观点、学习风格以及潜在的学习优势，例如有的学生尽管英语基础不好，但是在道具、动作或声音表现力等方面有特长。

五、可以促进学生高阶思维的发展

面对纷繁复杂的问题，当今的学生比以往更需要提升自身的探究能力、决策能力以及思辨能力等高阶思维的发展。读者剧场活动为发展学生高阶思维提供了巨大的机会与可能。学生在准备与呈现读者剧场表演的整个过程中都需要不断地做出决策(Sloyer，2003)。例如：什么样的素材与体裁更适合表演？如何将文本改编成剧本？台词按照什么原则分工？台词中哪些词汇需要重读，需要用什么语气和语调读？同伴之间何时、如何进行呼应？如何让读者剧场表演的呈现令人印象深刻？为了让团队呈现一场完美的演出，每个学生都有主动参与和主动思考的兴趣与动机。

第二章　读者剧场的实践策略

第一节　读者剧场的剧本选材

无论是故事体裁还是非故事体裁，无论是小说、戏剧、歌曲、诗歌、信件还是报纸或其他信息类文本，都可以改编为读者剧场的剧本。改编的关键在于：首先需要选择学生感兴趣的内容，既可以是课外阅读材料，也可以是中小学英语教材中的阅读文本(Young & Vardell，1993；Flynn，2004)。其次，需要控制剧本素材的文本难度，以学生能正确识别 90%的单词的文本为佳(董桂娟，等，2013)。在开展读者剧场活动的初始阶段，教师可以从阅读文本中节选特别有趣或有价值的内容(可以是几页或几个段落)作为读者剧场的剧本来源。就体裁而言，可以先选用简短的故事、对话等；在学生熟悉读者剧场活动的流程后，可以逐渐扩展到其他体裁，文本长度可随之适当加大(徐国辉，等，2018)。对中小学生而言，在确定读者剧场剧本的原始素材时，Freeman (2017)建议遵循五大原则：①有丰富的对话；②含有一些动作；③含有令人捧腹大笑的场景；④有生动的描述；⑤有多个角色。教师一开始可借助一些读者剧场剧本进行示范，如果没有现成的剧本，教师可利用搜索引擎“Bing”的国际版，输入关键词“reader’s theater script”，便可以检索到许多免费的相关剧本。

要想充分发挥读者剧场在课堂中对学生的促学作用，对于广大一线教师而言，我们建议最简单的方式就是就地取材，即改编英语课本文本或手头的英语绘本、分级读物等。当然，在确定好读者剧场的文本之后，教师需要首先引导学生探究并理解所选文本蕴含的主题意义。只有充分理解了文本的主题意义和相关主题词汇，读者剧场活动才有可能成功。最后，需要特别提醒的是，建议教师首选一些配有地道音视频的剧本素材，方便学生模仿其中的意群断句法、语气与语调，为口头呈现读者剧场提供语音基础。

第二节　读者剧场的剧本改编

在确定好剧本选材之后，我们就进入了剧本台词的编写阶段，即需要将最初的文本形态改编为适合开展读者剧场活动的剧本台词形式。在剧本改编的时候，尽量不要更改原作者的写作意图或原文本的主题意义，但需要从文本话题、文本体裁及文本主题意义等角度对剧本素材的文本内容进行深度的解读，特别是思考如何根据剧本素材和参与读者剧场的人数进行改编。实际上，针对不同的体裁、不同的内容、不同的文本特征和每组的不同人数，剧本的改编也呈现出不同的难度与不同的处理方式。比如可以将短篇故事改为对话形式，或将比较长的语篇进行必要的删减，但需要保留最核心的内容。如果剧本素材中有图片等视觉信息，建议根据需要将这些视觉信息转化为剧本中的台词(Sloyer，2003)，以提升戏剧效果。

无论是故事文本还是非故事文本，我们推荐使用最简单的剧本改编方式，即完全忠实于原始文本的原则，不需要对原始文本进行任何文字的修改，只需要根据小组成员的人数和原始剧本的特征进行切分；如果原始素材趣味性不强的话，可以适当增加台词或音效。在最开始的阶段，剧本改编的任务都是由授课教师负责的，当学生逐渐熟悉剧本改编的原则后，教师可以放手让学生自己进行改编(徐国辉，等，2018；王英，2021)。下面我们结合几种常见的剧本改编方式进行举例说明。

如果剧本素材中有明显的多个角色对话，则可以直接按照原始角色进行台词分配。如果旁白(narrator)解说词过多，则可以设计多个旁白的角色。剧本改编的一个重要原则是尽量平衡角色间的台词数量，不能出现差距悬殊的现象，否则不利于全体学生的语言发展。

以 *The Travelers and the Purse* 为例，原始素材如下：

Two men were traveling in company along the road when one of them picked up a well-filled purse.

"How lucky I am!" he said. "I have found a purse. Judging by its weight it must be full of gold."

"Do not say I have found a purse," said his companion. "Say rather we have found a purse and how lucky we are. Travelers ought to share alike the fortunes or misfortunes of the road."

"No, no," replied the other angrily. "I found it and I am going to keep it."

Just then they heard a shout of "Stop, thief!" and looked around, seeing a mob of people armed with clubs coming down the road.

The man who had found the purse fell into a panic.

"We are lost if they find the purse on us," he cried.

"No, no," replied the other, "You would not say we before, so now stick to your I. Say I am lost."

(We cannot expect any one to share our misfortunes unless we are willing to share our good fortunes, too.)

鉴于这则寓言中有明显的两个旅行者的角色，并且对话的比例也不小，但是旁白的台词过多，因此 Sloyer(2003)最终将剧本改编如下，可以看出原始素材的文字几乎没有删减，只是对角色的台词进行了合理分配。

Storyteller I: Two men were traveling in company along the road when one of them picked up a well-filled purse.

Traveler I: How lucky I am! I have found a purse. Judging by its weight it must be full of gold.

Traveler II: Do not say *I* have found a purse. Say rather *we* have found a purse and how lucky *we* are. Travelers ought to share alike the fortunes or misfortunes of the road.

Traveler I: No, no. (replied angrily) *I* found it and *I* am going to keep it.

Storyteller II: Just then they heard a shout of…

Storyteller I: Stop, thief!

Storyteller II: And looked around, seeing a mob of people armed with clubs coming down the road.

Storyteller I: The man who found the purse fell into a panic.

Traveler I: We are lost if they find the purse on us (cried).

Traveler II: No, no. You would not say *we* before, so now stick to your *I*. Say *I* am lost.

Storyteller II：We cannot expect any one to share our misfortunes unless we are willing to share our good fortunes，too.

如果原始剧本素材中对话比例较少或根本没有角色之间的对话，则需要适当增加和声(All)、音效或创编少量对话类台词，以增强剧本的趣味性及戏剧效果。以人教版八年级英语(新目标)下册中某阅读文本为例，这是一封来自一个13岁男孩的投诉信，在信中男孩抱怨家庭成员之间的关系不和谐(见下文)。

My problem is that I can't get on with my family. Relations between my parents have become difficult. They fight a lot，and I really don't like it. It's the only communication they have. I don't know if I should say anything to them about this. When they argue，it's like a big，black cloud hanging over our home.

为了让小组的四名学生全部参与读者剧场活动，授课教师将原始文本按照意群改编成了四个读者参与的剧本，并在重点语言部分增加了两次和声机会，以便学生彼此之间随时倾听并做出呼应。当然如果剧本比较长的话，每个角色是需要分配完整的句子的。如果原文角色太少，也可以根据需要将每个角色的台词切分为多个角色，或者给原本没有台词的小角色增加台词(Shepard，2004)；如果原文角色太多，也可以让同一个学生负责多个角色。

改编后的剧本如下：

Reader 1：My problem is that—

Reader 2：I can't get on with my family.

Reader 3：Relations between my parents have become—

Reader 4：difficult.

Reader 1：They fight a lot，

Reader 2：and I really don't like it.

Reader 3：It's the—

All：only—

Reader 4：communication they have.

Reader 1：I don't know if I should say anything to them about this.

Reader 2：When they argue，

Reader 3：it's like a—

All：big，black cloud hanging over our home.

除此之外，Freeman(2017)还归纳了剧本改编的15个原则，为改编读者剧场的剧本提供了非常具体的可操作的建议，具体如下：

①在剧本最上方按照出场顺序列出所有角色(含旁白)。

②剧本台词的字体大小要合适，方便学生看清及阅读。

③给剧本留出合适的页边距。

④在剧本页面底部注明页码。

⑤单面打印台词，而非双面，否则不易于学生阅读。

⑥将剧本角色写在左侧，建议黑体或大写，并将角色对应的台词写在右侧。

⑦同一角色的台词用单倍行距隔开，不同角色的台词之间变为双倍行距。

⑧将表演指令(如动作、表情、道具等)用斜体及括号标注。

⑨将剧本中需要加强音量或表情的句子、词语等用黑体或大写标注。

⑩改编剧本时，尝试直接照搬故事的原始对话或叙述性文字，但为了使表演更加流畅，也可以增加或改编文字。

⑪如果原始素材较长，可以删减文字。

⑫尽量确保每个角色的台词比较均衡，即根据需要可以增加台词，也可以将对话改编成旁白，或将旁白改编成对话。

⑬确保台词的拼写准确。

⑭观察并记录初次使用剧本时出现的问题，例如某个角色的台词是否过多或过少、舞台指令是否清晰。可以二次修改台词。

⑮剧本可以增加开场的自我介绍，如“ I’m Josh，and I play the Lawyer”，以便读者清楚角色的分工。当然，这不是必需的。

更多剧本改编方式参见第三章及第四章的案例，此处不再赘述。

第三节　读者剧场的课堂实施

如果学生初次接触读者剧场，读者剧场活动在英语课堂教学中的开展往往包含以下步骤，这些步骤可以一次完成，也可以根据需要每次有针对性地专门培训某一部分。

一、教师讲解与示范

学生在尚未了解何为读者剧场时，教师可以播放若干英语读者剧场的视频片段，并引导学生直接感受读者剧场的开展形式，思考读者剧场与朗读及传统戏剧的差异，并提炼出读者剧场的特征，如：手持台词、二人及以上、有分工有合作、有夸张的音调与动作、必要的简易道具、恰当的音效、有独白有呼应、面向听众、有比较固定的站位等。随后口头归纳并解释读者剧场的含义及教育价值。接着向学生阐明本节课的教学目标，即在读后阶段通过读者剧场的方式呈现对目标文本的理解。

二、阅读理解与语言准备

根据选材原则及教学安排，在确定好剧本素材之后，教师需要首先按照常规教学方式，在主题问题链的引领下，通过预测、提问、提取文本要点、复述等活动，让学生熟悉故事或话题的大意并初步探究其主题意义，在语境中学会认读并理解与主题相关的生词。然后教师播放原版录音文件示范朗读文本，引导学生关注如何语速适当地、有节奏地、准确而流畅地朗读。最后学生两人一组轮换进行同伴阅读，需要朗读所有台词文本，并互相反馈。必要的时候，还需要教师专门设计活动引导学生体验如何恰当地表达文本的语气，例如：在自己想上学但作为交谈对象的同学却不想上学的情境下，用不同语气(兴奋/厌恶)朗读“Let’s go to school ”(Sloyer，2003)。

三、角色分工与角色剖析

在学生充分理解并能流畅朗读剧本素材后，教师给学生提供改编好的剧本，并给学生分配合适的角色。在最初阶段，教师可以根据学生的英语水平进行分组，每组 4—6 人为宜。此时，台词本上需要清晰地注明角色分工，并配以不同颜色进行强化，剧本台词最好以双倍行距呈现。每组的角色分工可以用“石头—剪刀—布”的方式决定，或者最初可以让英语水平比较弱的学生选择台词相对较少的角色。拿到角色后，学生需要思考所分配角色的人物特征：我是谁？我是什么性格？我在哪儿？我和其他人是什么关系？当学生熟悉剧本改编的原则后，教师可以逐步放手让学生根据表演的需求，合作或自主改编剧本，充分发挥学生的想象力与创造性，而不是被动接受教师准备好的剧本，这也是读者剧场的重要特征之一。

四、动作、道具与音效的指导

当角色确定之后，学生除了与同伴合作有声朗读外，还应有自主默读的时间。教师需要在此过程中监控并帮助学生真正理解并能有表现力地阐释文本。必要的时候，可以让每组中英语能力较强的学生先示范朗读，带动其他组员练习。在流畅朗读的基础上，教师还需要引导学生根据所选角色的台词添加适当夸张的动作，还可以借助一些简易道具，如站在凳子上代表站在山上(Shepard，1994)、三个低凳可创设餐厅的场景、两个低凳可代表公园的座椅(Shepard，2004)、用剧本当作扇子/报纸/书/轮子、用水杯当作大炮或话筒等，以充分体现所分配角色的人物特征。此外还可以利用简单的乐器或声效增加舞台效果，如利用鼓声创设丛林的情境、用小号声代表国王的到来、用铃声代表故事的开始与结束；全体或个体成员可以通过声效制作出风声、雨声、喧闹声、机器声等，但不建议过度使用，否则会减弱朗读本身的作用(Sloyer，2003)。为了合理、恰当地使用动作、道具以及声效，必要的时候教师需要花些时间专门对学生进行训练。

五、呼应的设计与训练

呼应在读者剧场中是一种重要的表达手段，也是团队合作的特定表现形式之一。呼应指某个角色在朗读或表演时，其他角色需要做出反应，必要时需要在台词中标注出来。同伴可以根据上一个角色朗读台词的最后三个词所表达的隐含意思进行呼应，可以用语言、肢体或面部表情呼应，教师可以引导学生培养呼应的意识。Sloyer(2003)提供的练习活动示例如下，供大家参考。

Instructor：“Clapping is a good exercise.”

Response：(Everyone claps.)

Instructor：“The King is dead!”

Response：“Long live the King!”

Instructor：“Sit down quietly.”

Response：(All sit.)“Sh-h-h-h.”

六、舞台站位与进场/离场

在呈现读者剧场演出的时候，教师还需要引导学生考虑如何更好地进行舞台站位，以便让观众能感受到剧场内容的情境与角色之间的关系。需要思考：所有朗读者是排成一条直线还是借助凳子或采用站立蹲下体现高低站位；如果将舞台分成九宫格，每个朗读者应站在哪个位置，同时还要保证彼此不能互相遮挡。我们建议在改编后的台词本上，可以借助图标的方式代表不同角色的站位(如图 2-1)。与传统戏剧不同，读者剧场演出中，随着场景的变化，其角色的进场与离场不需要过多的上下场跑动，而是借助其他手段体现，如：低头表示暂时离开，抬头表示回来；也可以用蹲下或背对观众表示离场。

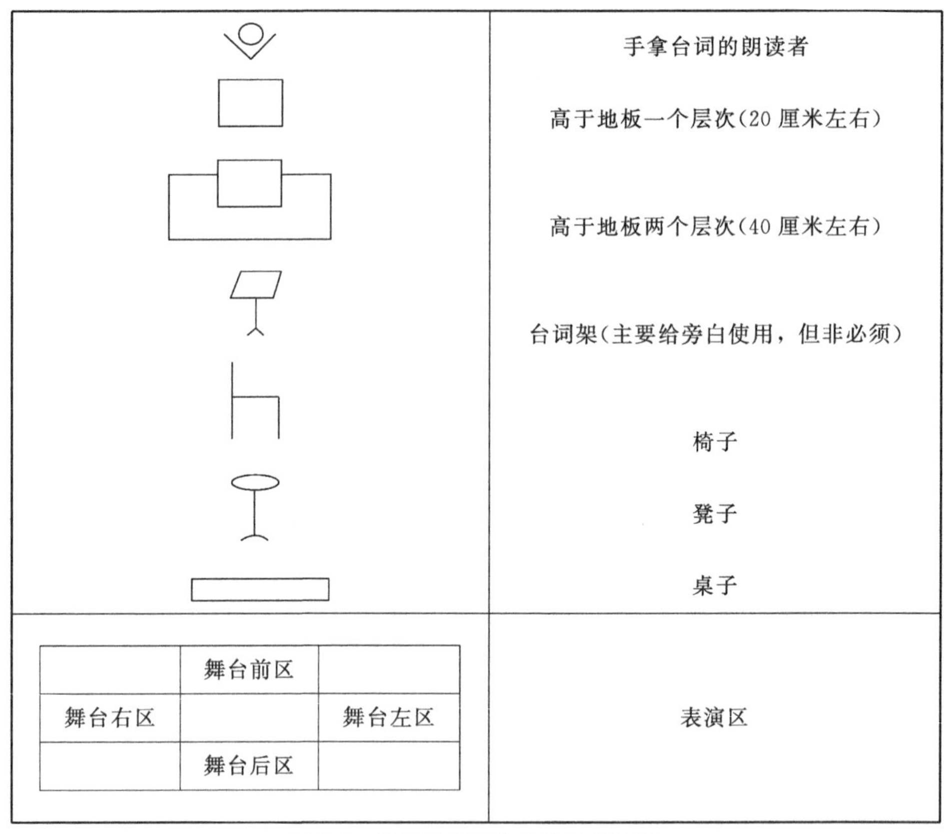

图 2-1　读者剧场舞台站位符号体系

还需提醒的是，在表演前，每个学生至少需要自主或在教师引导下完成五个步骤：第一，标注出自己扮演的角色的台词；第二，圈出或用下画线标注对应的舞台指令；第三，默读自身台词，看看是否有不懂或不会读的台词，如果有，可以查词典或求助同伴与老师；第四，体会自身角色，有感情地大声朗读台词，表现出该角色的性格特征；第五，站起来再次朗读台词，并配上体现角色特征的动作与表情。同样，Freeman(2017)也提出了类似但更为具体的建议，笔者整理如下：

1. 多次朗读所分配的台词，以便明确台词所处位置以及如何准确、恰当地读出。

2. 稳稳地拿着剧本，不要让纸张发出声音，避免影响其他表演者。当需要翻页的时候，尽量快速且轻轻地翻页。

3. 如果学生坐着进行朗读表演，则朗读的时候站起来，读完后坐下。

4. 当站着朗读台词的时候，建议将剧本放在肚脐以下的位置，以便让观众看到表演者的脸。如果表演者看不到观众的脸，则观众也看不到表演者的脸。在读者剧场的表演中，面部表情是非常重要的，表演者不要背对观众。

5. 慢速、大声且清晰地朗读台词，以便所有人都能听清。

6. 一直要专注地带着表情朗读，要思考声音与表演如何更加符合角色的身份，以及下次如何表演得更好。

7. 如果台词很有趣，表演者自己不要提前笑场，要让观众自行体会趣味或滑稽之处。如果观众笑了，需要等到观众笑声结束之后再继续朗读，否则观众会听不清下面的台词。

8. 如果不知该读哪一句了，可示意并求助于旁边的表演者。如果读错了，就将错就错，继续读下去。要记住读者剧场是团队行为，如果一个人不专注，会影响其他队友。

9. 建议将剧本带回家，与朋友、家长等大声练习；如果周边没有人，也可以对着镜子大声朗读。

第四节　读者剧场的评价

排练好之后，学生可以在教室、图书馆、学校礼堂等呈现读者剧场的演出。尽管我们可以采用以赛促学的方式，但我们建议将读者剧场活动作为一种提升学生核心素养的常规教学活动。根据实际需要，学生在表演读者剧场剧目的时候站立或坐着均可，既可以到教室前面表演，也可以以小组形式在原座位表演。除非在正式的场合，否则也没必要给学生提供台词支架。听众可以是本班同学，也可以邀请其他班同学，甚至邀请家长观看。在表演读者剧场剧目之前，教师需要给学生提供自评与他评的评价表，以利于学生明确成功地表演读者剧场剧目应符合哪些标准，也利于学生进行有针对性的反思与改进。这些评价标准可以由教师与学生共同制定。读者剧场的评价维度往往涉及学生的参与度，朗读声音的清晰度、准确度、表现力，体态语与表情，团队合作与准备，等等(徐国辉，李磊，2019)。当然在实际评价过程中，评价的维度与措辞还需要根据学生所处学段的认知特点进行适当的调整，如 Mckay(2008)提供的由师生共同编制的小学生读者剧场自评表(见表 2-1)，便是从声音、角色、表情/动作、自信心、学习收获与反思改进等维度引导学生进行自评。

表 2-1　读者剧场实施效果自评表

READER'S THEATRE PRESENTATION (*self-assessment*)			
Title of the script: ________ Date: ________ Name of the reader: ________ Character or role: ________			
YES	NO		
		Voice:	Did I speak clearly and with the right expression? Did I speak loudly enough for everyone to hear?
		Character or role:	Did I sound like the character or the narrator? Did I make that character come alive for the audience?
		Use of facial and/or body expression:	Did my facial or body expressions add to the character or the role I was reading?
		Confidence:	Did I enjoy this experience? Would I like to do this again?
What was the most important thing I learned about oral reading?			
What would I do differently next time?			

在参考 Dixon(2010)与 Sloyer(2003)所编制的评价量表以及校本实践的基础上，我们按照读者剧场的准备与表演两大阶段，重构了兼顾自评与他评的读者剧场评价量规(见表 2-2)。当学生利用评价量规对同伴的表演进行口头评价的时候，我们应引导学生发现同伴身上的优点，必要的时候采用委婉的方式进行反馈，以避免打击朗读者的自信心与积极性。教师一定要坚持以评促学、以激励促学的原则。

表 2-2　读者剧场评价量规

评价维度	评价要点	是	否
剧本设计	能涵盖开场、中间内容及结束语		
	各个角色的台词分配均衡		
剧本理解	能深刻理解文本的主题意义		
	能深刻理解所分配的角色的特征		
剧本排练	能流畅朗读所分配的台词		
	积极与同伴合作并贡献智慧		
舞台站位	能创设有趣的画面感		
	能符合剧本的情境与角色间的关系		
剧本表演	能准确朗读且声音洪亮		
	能按照意群恰当断句		
	能用恰当的语速		
	能用恰当的表情与肢体语言阐释角色		
	能与同伴进行自然、恰当的呼应		
	能与观众有眼神交流		
	能合理运用体现角色特征的简单道具		

在反馈朗读者优点的时候，可以借助以下句式进行反馈(Dixon，2010)：

◇ In my opinion…

◇ I really felt your anger when…

◇ You certainly sounded kind and considerate when you said…

◇ Your reaction to George was exactly right when he said…

◇ I understood your happiness when you responded to…

当必须要指出不同看法时，可以借助以下句式进行委婉的反馈(Dixon，2010)：

◇ Perhaps you could try the emphasis on…in that sentence.

◇ What about taking a deep breath before you say…?

◇ If I try saying this line with more emphasis, would that help you respond more…?

◇ I thought the way you said… was great, and if you said… in a more… manner that might be a good contrast.

但尽量不要采用以下打击学生的方式进行反馈(Dixon, 2010):

◇ If I were you, I'd say that like this.

◇ Why not say… this way?

◇ That's not right. You should be…

第三章　小学英语读者剧场教学案例

第一节　找到合适的职业

——教材故事语篇 *Monkey Bob Wants a Job* 读者剧场教学

一、引言

本案例的教学内容是一个故事文本，选自人教版《小学英语(一年级起点)》四年级上册第六单元 Jobs 第五课时。主要讲述了一只猴子寻找不同的工作，如消防员、歌手等，发现都不适合自己，最后终于找到了自己喜欢且适合的职业——足球守门员。本单元的话题为“职业”，通过阅读小故事，让学生体验英语阅读带来的乐趣，同时拓展知识，体会该话题下的语言运用，引导学生明白工作应该是自己擅长的、喜欢的和适合的。

语篇内容有趣生动，非常适合四年级的学生进行读者剧场的表演。语篇的文字量虽然不多，却为学生提供了思考的空间。通过教师提问、仔细观察图片等，引导学生由表及里地进行深层思考，研读文章中的词、句，挖掘文章的隐含意义，从而培养学生思维的深刻性。同时，教师发现学生的课堂生成也可以成为读者剧场剧本的撰写素材。在教师的精心设计下，读者剧场的剧本将以往所学内容与本课故事相结合，同时适当加入了课外知识，激发学生对不同职业的深入了解。将读者剧场作为学生输出语言的呈现方式，可以提高学生英语学习的兴趣和朗读的流畅性。此外，排练过程中，小组组员的互帮互助也可以让学困生尝试大胆表达，收获学习英语的自信。

二、文本解读

(一)文本话题与主要内容

本文是有关职业的话题，并以时间顺序呈现的叙事类文本。故事大意为：

猴子想有一份工作。他的好朋友小鸟建议他当一名消防员，但是他身材太小了，不能做消防员。于是小鸟又建议他去当出租车司机，但是他太矮了，开不了车。后来，小鸟建议他当一名歌手，他却不擅长唱歌。最后猴子终于找到了适合自己的职业——足球守门员，他很高兴。

故事的每个场景都配有图片，图片中人物的表情、动作和背景都可以帮助学生加深对故事的理解。文本以两个动物的对话为主，第一幅图片是背景介绍，引出猴子的好朋友小鸟的第一个建议——当一名消防员。第二至第五幅图是猴子选择职业的过程，比如当一名出租车司机、当一名歌手及面临的问题。最后一幅图呈现出猴子找到了自己喜欢的职业——足球守门员。从图中可以发现，猴子的表情也在发生变化，如体验了消防员工作后的“筋疲力尽”、当歌手时的“声嘶力竭”以及当守门员的“自信与欣喜”。

(二)主题意义与教育价值

文中出现了四种不同的职业，是学生较为熟悉且喜欢的职业。学习文本的过程也是在对学生进行职业启蒙，可以让他们了解各种职业的工作内容，帮助他们建立正确的职业观和劳动观。同时，也鼓励学生大胆地说出自己的想法，敢于尝试。

(三)体裁特征与语言特点

语篇为故事体裁，作者使用第一人称、一般现在时讲述猴子找工作的故事。故事多使用简单句，易于学生理解。文本语言通俗生动，故事情节颇为曲折，学生读起来会觉得很好玩。文本采用拟人的方法，给猴子和其他小动物赋予生命，注入思想感情，使它们人格化，将原本较为枯燥的职业话题变得生动有趣，易于学生理解和接受。语言多以口头表达为主，以对话的形式呈现，简洁、活泼、准确，且重复性较强，如猴子两次表达“I want to be a…”，小鸟多次表达“You can be a…”。学生在阅读过程中也复习了本单元的功能句。

三、学情分析

本课的授课对象是北京市海淀区山后小学四年级的学生，共 33 人。他们从一年级开始便对英语学习保持着浓厚的兴趣。通过本单元前四课时的学习，学生能正确表达自己今后想从事的职业并简单说出原因，比如“I want to be a policeman. I want to help people. ”。学生本学期刚刚接触读者剧场，第一次尝试读者剧场活动是参与 *Five Little Pumpkins* 的剧本演出，演出后学生基本了解了读者剧场活动的基本过程、角色分工及呈现方式，能够在教师的指导下加入动作，并表现出非常喜欢这种学习英语的新方法。但由于采用的是集体展示的形式，对学生的文本理解力和团队合作能力缺乏挑战、缺乏个性展示，学生期待能有更多表现自我的机会。

四、教学目标

在学习结束时，学生能够：

1. 在教师的引导下，通过图片环游、观察预测、自读等方式，了解故事大意；

2. 能够通过给句子排序，复述猴子找工作的故事；

3. 以小组合作的形式将这个故事生动朗读和表演出来；

4. 能够知道我们周围有很多种职业，不同的职业有不同的特点，可以通过尝试和努力找到适合自己的职业。

五、教学流程

故事 *Monkey Bob Wants a Job* 读者剧场教学实践活动主要分为三部分（见图 3-1）。

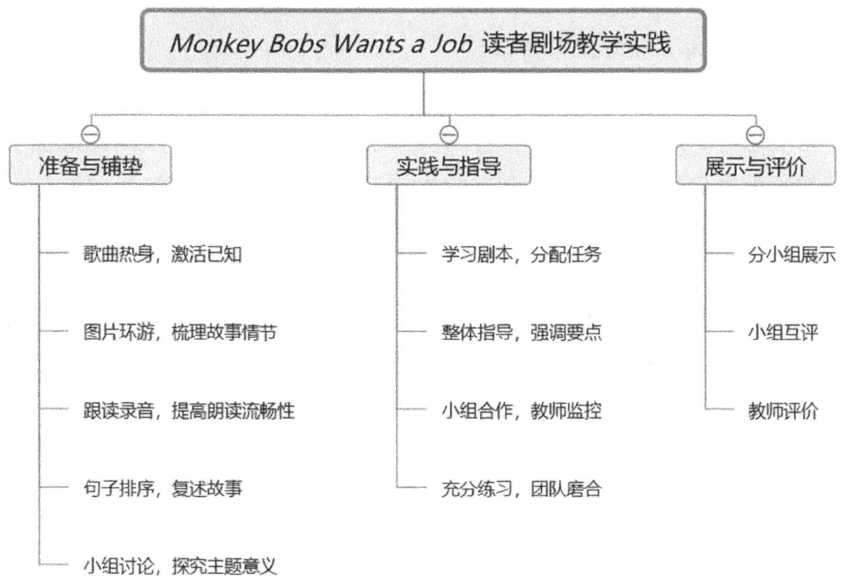

图 3-1 *Monkey Bob Wants a Job* 读者剧场教学流程

(一)准备与铺垫

1. 歌曲热身，激活已知

通过跟唱与职业有关的英文歌曲复习词汇和句型。随后的小组活动，学生之间不仅可以分享想法，还可以锻炼口语表达能力，为后续读者剧场活动进行预热。首先跟唱本单元的拓展英文歌曲 *Jobs*(会唱的学生可以边唱边做动作)，进行热身并复习本单元的词汇与句型。歌词如下：

Firefighter，soccer player，teacher，doctor，painter，chef，police officer，astronaut，what do you want to be?

I want to be a teacher. Let's learn something fun.

I want to be a soccer player. Let's shoot the ball. How about you?

I want to be a doctor. I will make you get better.

I want to be a firefighter. I will save you. Wait!…

然后讨论本单元的话题并进行节奏练习：What do you want to do in the future? Why? 教师示范后，学生 4 人一组，手打节奏进行练习，如：

S1：Teacher，teacher，I want to be a teacher. Let's learn something fun.

S2：Doctor，doctor，I want to be a doctor. Let me help you.

S3：Cook，cook，I want to be a cook. I can make yummy food.

S4：Farmer，farmer，I want to be a farmer. I can plant the seeds.

2. 图片环游，梳理故事情节

教师通过引导学生观察图片和问题链的设计，让学生获取文本外更多的信息，拓展思维；同时鉴于学生个体对文本的理解层次有限、个体视角也不尽相同，教师鼓励学生小组合作，激发学生深度思考，让阅读理解活动走向更深层次的讨论和探索。同时，教师的提问和学生的生成也是在为后续的读者剧场活动做铺垫。

首先，预测故事。教师呈现故事的第一幅图，介绍主要人物及起因(猴子和小鸟是好朋友，猴子走在森林中，他想选择一个职业)，引导学生仔细观察。此时，教师使用“I see…，I think…，I wonder…”引导学生预测文本，激活思维，小组讨论之后请学生说一说。学生快速浏览故事，了解大意，并验证刚才的预测。T：What does the monkey want to be? Ss：He wants to be a football player. 然后整体欣赏故事，观看故事的完整视频。接着，图片环游，深入理解故事，进行深度学习，比如教师放大第三、四幅图，引导学生进一步思考图片和文字背后的内容：

T：Now，how is he? What does the bird say to him?

Ss：He is very tired. “You can be a taxi driver.”

T：Can he be a taxi driver? Why do you think so?

（学生讨论）

S1：He can't be a taxi driver. He is too short.

S2：He can't be a taxi driver. He can't see the roads and people.

S3：It's very dangerous.

T：Yes，it's really dangerous. Now，the bird has a new idea. What's her idea?

随后，教师放大第五幅图，引导学生自主说一说并表演这个情境：

Ss：He can be a singer.

T：Now there is a music show and he is a singer.（教师带读单词 singer，强调 ing＋er 的发音）

T：But what happens to him? What do they say? Let's have a role play.

学生分组进行表演，教师进行指导，鼓励学生适当地加入自己的语言，比如即兴演唱一两句自己喜欢的英语歌曲。表演后教师小结：

T：Can he be a singer? Why not?

S1：He can't be a singer. He is not good at singing.

S2：He can't sing very well. He is too noisy.

教师呈现最后一幅图，引发学生思考如下问题，然后进行讨论：

T：What does the monkey do now? Is he happy? Why?

S1：He is a football player. He is very happy. Because he is good at playing football.

S2：He is a football player. He is happy because he can jump and run.

3. 跟读录音，提高朗读流畅性

接下来，学生听录音并跟读，再次理解故事，注意朗读时的语音、语调和语气，提高朗读流畅性。

4. 句子排序，复述故事

首先学生根据故事发展顺序将教师给出的句子排序，核对答案。然后教师引导学生复述故事并给故事起个名字。

T：Let's give a title to this story.

S1：I Want to be a Football Player.

S2：Monkey Wants a Job.

S3：Monkey's Job.

…

5. 小组讨论，探究主题意义

在教师指导下，学生开展小组讨论，探究故事的主题意义。

T：What does the story tell us?

S1：We can find the favorite job.

S2：We can try some different jobs.

…

(二)实践与指导

为了丰富文本内容，增加趣味性，将图片内容生动形象地表现出来，教师对教材故事进行了改编，结合问题链的设计及学生的课堂生成对文本进行了扩充，加入了更多的角色，使文本更加丰盈。教师设计剧本时，还加入了歌谣韵文，让整个剧本读起来朗朗上口，学生唱作俱佳。教师尝试凸显主人公在尝试不同职业时的所思所想，并结合四年级学生的特点，让剧本更加有意思，让听众能更加直观地感受故事大意。

1. 学习剧本，分配任务

教师下发剧本并进行示范表演，注意语音、语调、语气、连读等。

2. 整体指导，强调要点

重点练习齐读的部分，需要教师领读，学生跟读，让学生模仿教师的表情、语调和步调等。此处采用的方式是 Choral Reading(合唱式朗读)。比如对于"Monkey Bob wants a job? Monkey Bob wants a job. What does he want to be? "这段齐读文字，教师示范时要注意单词间的连读、重读，情感的递进和表情的夸张化。又如"I save lives every day. Hear sirens? I am on the way. Safety first is what I say. So follow our life safety rules today. "，这段小韵文教师要带有感情地朗读，让学生感受到其所表达的情感。

3. 小组合作，教师监控

首先，在教师带领学生朗读完毕后，学生自己朗读一遍，然后教师组织学生扮演剧本中的角色，学生可以自愿选择角色。如果有的学生不愿意朗读或受水平所限，可以为他们安排读者剧场中的其他角色，例如安排他们成为“其他小动物”。学生在剧本上标记出自己的角色，注明分工，并配以不同颜色进行强化。在学生排练的过程中，教师随时在班级中巡视，根据学生的排练情况及时监控，并给予相应的指导。

4. 充分练习，团队磨合

教师为学生提供充足的练习时间，以保证他们在演出中能够流畅、自然地呈现故事。对于不同个性的学生，教师鼓励其发挥自己的特长，对喜欢的部分进行夸张、幽默的表演。在学生表演期间，教师进行巡视，对学生的努力和成就表示赞赏，鼓励学习困难的学生大胆朗读。

(三)展示与评价

学生在小组排练后，进行课堂展示。在展示前，教师与学生一起回顾本土化的读者剧场评价量规(见表 3-1)，包括三个维度，分别是语言技能、合作交流与发挥创造。学生以组为单位走到教室前面，教师在白板上布置出舞台背景，学生将台词放到谱架上，手持相应的道具，按照站位站好。班级中一组展示完成后，其他小组分别根据该评价量规给予改进的建议。如果课堂时间有限，鼓励学生利用课间或午休时间继续排练，“时时可排练，处处皆舞台”，还可以在课后服务时间进行汇报表演或年级大比拼。

表 3-1　读者剧场评价量规

语言技能(60 分)	读音准确、清晰、洪亮
	恰当的重读、连读、语调、语气
	能按照意群断句，停顿恰当
合作交流(20 分)	小组人人参与、分工明确、条理有序
	能与观众有眼神交流，大方自信
发挥创造(20 分)	能创造性地运用简单的道具
	能根据台词合理设计肢体语言(含面部表情)

六、*Monkey Bob Wants a Job* 读者剧场剧本

<table>
<tr><td colspan="4">Monkey Bob Wants a Job</td></tr>
<tr><td rowspan="2">原始文本体裁</td><td rowspan="2">故事</td><td>角色数量</td><td>4—5 个</td></tr>
<tr><td>适用年龄</td><td>9—11 岁</td></tr>
<tr><td>蕴含主题</td><td>如何选择职业</td><td>时长</td><td>3—4 分钟</td></tr>
<tr><td>角色</td><td colspan="3">Narrator，Monkey Bob，Bird Betty，Other animals</td></tr>
<tr><td>道具</td><td colspan="3">◇ 教室内的拖布或扫帚(可当作消防水管)；
◇ 学生的小黄帽(可当作安全帽)；
◇ 圆形或半圆形物品，如帽子、教师使用的量角器、圆形废纸盒(可当作方向盘)；
◇ 教室内的扫帚一把(当作电吉他)；
◇ 皮球或足球一个；
◇ 其他道具：小动物们的头饰若干、墨镜、彩色假发等；
◇ 背景音乐：消防车的声音、刺耳的吉他声音、球场的呐喊声等。</td></tr>
<tr><td>舞台站位</td><td colspan="3">N1　N2　Betty　Bob　Other Animals</td></tr>
<tr><td>Narrator：</td><td colspan="3">(猴子向前两步走，一只手放到额头上，左顾右盼、漫无目的地寻找着) Monkey Bob wants a job. Now，he walks in the woods，looking for a job.</td></tr>
<tr><td>Chorus：</td><td colspan="3">(看着猴子说)Monkey Bob wants a job?
(做出些许疑惑的动作，声音变大，重读单词 job) Monkey Bob wants a job.
(看左右两侧的同伴，做出困惑的表情)What does he want to be?</td></tr>
<tr><td>Narrator：</td><td colspan="3">(小鸟飞到猴子身边) Monkey Bob's best friend，bird Betty flies to him.</td></tr>
<tr><td>Other animals：</td><td colspan="3">(所有人转头看向小鸟，求助的样子)Bird Betty，bird Betty，do you have any good ideas?</td></tr>
</table>

续表

Bird Betty:	(小鸟指向远方，很着急，但很镇定地说，重读单词 fireman) Oh, look, Monkey, the house is on fire. You can help. You can be a fireman.
Chorus:	(看左右两侧的同伴，做出困惑的表情) A fireman? A fireman? What is a fireman?
All:	(播放消防车的警笛声，原地跑动) I save lives every day. Hear sirens? I am on the way. (伸出食指表示"第一") Safety first is what I say. (双手环抱胸前) So follow our life safety rules today.
Monkey Bob:	(十分肯定地点头) Yeah, I want to be a fireman.
Narrator:	(猴子迅速穿上制服，拿着道具，但是表现出水管很沉、很吃力的样子) Monkey Bob puts on the uniform quickly and carries a water hose. But the hose is too big and long.
Monkey Bob:	(累得瘫坐在地上，擦汗) I want to be a fireman. But I am too small. I can't put out fire.
Other animals:	(所有人转头看向小鸟，求助的样子) Bird Betty, bird Betty, do you have any good ideas?
Bird Betty:	(小猫焦急地看着手表，踮起脚尖看向远方) Oh, look, Bob, Cat Cathy is waiting for a taxi. She is late for school. You can help. You can be a taxi driver.
Chorus:	(看左右两侧的同伴，做出困惑的表情) A taxi driver? A taxi driver? What is a taxi driver?
All:	(手握方向盘) I drive a taxi day by day. (高兴地开车，左右转头看向对方) I pick you up if you need. (平稳、自信地开车) I follow the rules. And never exceed speed.
Monkey Bob:	(十分肯定地点头) Yeah, I want to be a taxi driver.
Narrator:	(猴子迅速穿上制服，手握方向盘) Monkey Bob puts on the uniform quickly and get in a taxi. But he is too short.
Monkey Bob:	(屈膝半蹲状，头使劲朝前方看，但就是看不到) I want to be a taxi driver. But I am too short. I can't see the roads and people.
Other animals:	(看左右两侧的同伴，做出困惑的表情) Bird Betty, Bird Betty, do you have any good ideas?

续表

Bird Betty:	(右手握拳，装作手持话筒)Oh, look, Bob, we have a music show tonight. You can help. You can be a singer.
Chorus:	(看左右两侧的同伴，做出困惑的表情)A singer? A singer? What is a singer?
All:	(动作、表情学生自由发挥) I like to sing. I like to sing. I love it, I love it. I really really do. I like to sing. I like to sing opera (do re mi fa so la si do). I like to sing pop (everybody everybody). Whatever kind of song it is. I don't wanna stop. I like to sing—la la la la la. I like to sing—la la la la la.
Monkey Bob:	(刺耳的音乐声下，疯狂、夸张地演唱)Yeah, I want to be a singer. I like to sing—la la la la la. I like to sing—la la la la la.
Other animals:	(所有小动物双手捂住耳朵，做出难受的表情)You're too noisy. Please, please stop!(所有人转头看向小鸟，着急地求助)Bird Betty, Bird Betty, do you have any good ideas?
Bird Betty:	(指向远方，有人在踢球)Oh, look, Bob, there is a football game. You can help. You can be a goalkeeper.
Chorus:	(眼睛发亮，很开心的样子)A goalkeeper? A goalkeeper? (右手握拳，为猴子加油)Yes! You can keep the goal safe.
Monkey Bob:	(很自信地表达，对大家的支持表示感谢，围着大家跑一圈并与其他每个角色击掌)This is a great job for me. I can be a goalkeeper. Thanks a lot, Betty. Thank you, all of you!
Narrator:	(所有人为猴子欢呼)Monkey Bob finds a great job, finally.

七、教学反思

本节课教师使用读者剧场作为学生语言输出的形式，深受学生喜爱。小学生天生爱模仿、乐于扮演不同的角色，读者剧场便是他们发挥想象力和满足表达欲的平台，能为他们创造一个更广阔、更艺术的学习空间。

本课的阅读语篇相对简单，但是图片和文本背后的信息需要教师进行深度研读，并根据学情撰写剧本的脚本。剧本的撰写往往要经过几轮的修改，在课堂中学生的生成也可以写到剧本中。本课剧本的难度明显高于原文，需要教师在教学过程中不断铺垫，挖掘内涵。自始至终，让学生亲近文本、表达文本、超越文本，让教学变得妙趣横生。此外，读者剧场是一种高度激励的阅读策略，为真正的阅读提供了情境。学生阅读并使用他们的声音、面部表情和手势来表达。我发现其实每一个小小的身体里，都藏着惊人的洪荒之力！我看到不敢开口或是不愿开口说的学生开始说英语、唱英文歌、大声朗读、全身投入读者剧场中，他们内心的“小宇宙”被点燃。学生的快乐和成长，也促使我不断思考与进步。

（授课教师：北京市海淀区和平小学　尹彧）

八、专家点评

让学生的情感和想象力在读者剧场中尽情展现

这是一堂利用读者剧场激发出学生内心丰富情感与想象的成功课例。

在准备与铺垫过程中的热身环节，教师准备了与文本相关的主题歌曲，引导学生将唱英文歌和做手势相结合，激发学生多元智能中的运动智能，并使其在词汇学习中发挥更大作用。学生需要想象不同职业者在工作中的样子并用动作把内心的想法表现出来。

在剧本的实践与指导环节，教师充分发挥读者剧场中“呼应”的功能，多次安排全组人员在上一个角色朗读后进行有感情的呼应(例如 Monkey Bob wants a job? A fireman? A fireman? What is a fireman?)，这个呼应既包括了语音、语调的练习，也包括了肢体语言的补充，让学生在表演过程中充分借助想象力和创造力与小组其他成员进行口语互动。

本剧本中有多个角色，十分符合小学生喜欢角色扮演的心理需求。剧本配有大量对话，刚好可以借助读者剧场这个舞台让每个参与的学生都能充分表达自己对职业的情感态度，并且用肢体语言表达出来。在剧本表演的过程中，教师特别强调用英语表达情感态度时的重音和语调。剧本台词中有关情感的表达，都有教师提供的支架，例如“要表现出求助的样子”“拿着道具，但是表现出水管很沉、很吃力的样子”“做出困惑的表情”等。在排练过程中教师既会对学生的台词给予指导，也会在展示过程中给学生一定的自由发挥空间。学生能够共情于剧本角色中，在口语表达中自然地将自己的情感与态度融入其中。

（北京教育学院　李小川）

第二节　学习点餐文化

——教材会话语篇 *A Heathy Menu For Chinese Dinner* 读者剧场教学

一、引言

本案例的教学内容选自北京版四年级上册 Unit 6 May I take your order? 第一课时，该课时的点餐话题与学生的实际生活密切相关，学生能够自然地将生活中的场景带入角色中。对于四年级的学生来说，朗读或者背诵课文会让他们觉得枯燥，而拿着剧本去朗读，再加上自己创设的台词和自编的动作，更能够激发所有层次学生的英语学习兴趣，学生无论作为听众还是作为表演者，都便于将知识内化于心。

二、文本解读

（一）文本话题与主要内容

本文为北京版四年级上册 Unit 6 May I take your order? Lesson 19 的内容。本单元的话题是围绕点餐和健康饮食进行的。第 19 课是本单元的第一课时，本课的教学内容以对话形式呈现了 Mike 和爸爸妈妈去中餐厅就餐点餐的情境。第一个对话呈现的是一家人在表述各自想吃什么。第二段对话呈现的是服务员询问顾客想点什么餐。在读者剧场剧本的改编中，将对话情境进行了优化，首先引导学生关注健康饮食，然后通过一家人共同制作菜谱，讨论健康的食物，最后是全家人一起制作晚餐，享受亲子时光。

（二）主题意义与教育价值

通过本文在中餐馆点餐的场景，学生能够感受参与的乐趣，在理解并掌握所学词汇及交际用语的同时，也能初步树立健康饮食的意识。

（三）体裁特征与语言特点

本文是关于在中餐馆点餐的文章，以对话形式展开。本文涉及了单词

“vegetables, Peking Duck, Jiaozi, meatballs, soy milk, orange juice, a glass of, eat, drink, have”，点餐用语“What would you like to eat?”及答语“I’d like…”等，学生在问答中，能够通过读者剧场的形式，突出重点，突破难点。

三、学情分析

学生在1—3年级学习过简单的食物和饮料词汇：noodles, hamburger, hot dog, potato, tomato, fish, jiaozi, juice, tea, milk等，也会用“I want to eat/have…”句型表达自己想吃某样食物。大部分学生都有去餐厅点餐的生活经历，点餐话题贴近学生生活实际。同时，在平时的课堂中，学生进行过读者剧场的相关练习，大部分学生有较好的听、说、读、表演、小组合作等能力，学生能够较好地开展读者剧场活动。

四、教学目标

在学习结束时，学生能够：

1. 通过歌曲导入、自由对话、聚焦主题图学习、语言操练等活动，理解对话内容，并准确朗读课文。

2. 能够听懂、会说有关菜品的词汇：meatballs, vegetables, sweet and sour fish, Chinese cabbage, potatoes。

3. 能够运用“What would you like to eat/have/drink? I’d like/I’ll have …”句型。

4. 通过小组合作，改编教材文本，开展读者剧场表演，提升学生的阅读流利度与阅读自信。

五、教学流程

本次读者剧场的教学实践主要分为准备与铺垫、实践与指导、展示与评价三个部分(见图3-2)。

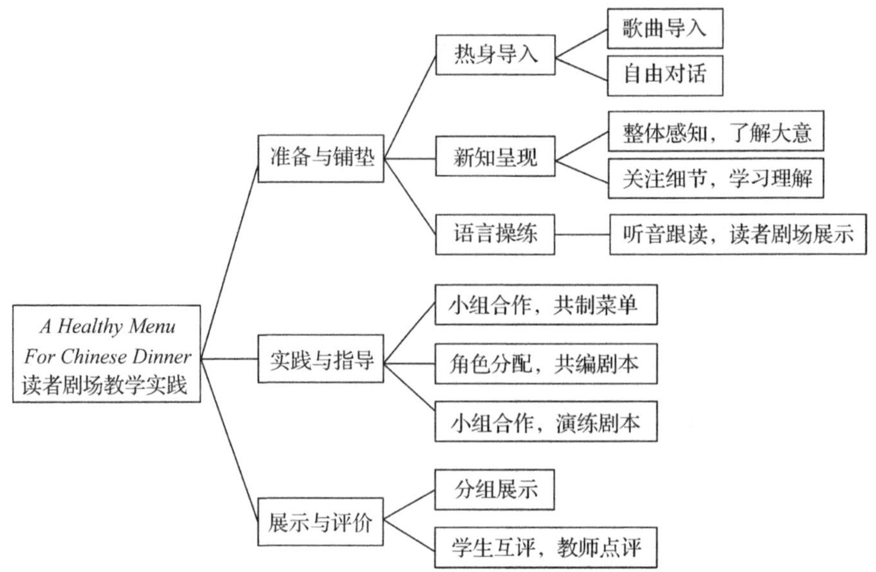

图 3-2　*A Healthy Menu For Chinese Dinner* 读者剧场教学流程

(一)准备与铺垫

1. 热身导入

(1)歌曲导入，激活学生思维，活跃课堂气氛

教师播放歌曲 *What Would You Like*，歌曲播放完毕，教师向学生提问："What Chinese food did you hear?"。这一活动旨在复习学生的已知词汇，同时，学生初步感知歌曲中的新词汇。随后，教师带领学生进行讨论。

(2)自由对话，引出话题，激发学生的学习热情

教师询问学生"What Chinese food do you know? What would you like to eat? Are they healthy?"，学生进行小组讨论。这一活动使学生对词汇产生了分类的意识，同时自然地引出了本课的话题，为主题课文的学习做了铺垫。

2. 新知呈现

(1)聚焦整幅主题图，整体视听，获取 Mike 和他的父母点餐的信息

教师创设 Mike 和他的父母喜欢中国食物，他们去中餐馆吃午饭的场景。学生观察主题图，获取他们正在点餐的信息。教师提问："What would Mike and his parents like to eat?"。学生先整体视听，填写任务单(见表 3-1)，然后小组内核对答案，小组成员分别以妈妈、Mike、爸爸的角色进行分享。妈妈的语言为："I'd like some vegetables."。Mike 的语言为："I'd like sweet and sour fish.”。爸爸的语言为：“I'd like meatballs.”。在一组学生汇报时，其他学生获取重要信息点如“some vegetables”“sweet and sour fish”“meatballs”词汇，全体学生进行集体语言复现。在这个过程中，教师提示学生注意三个角色不同的语音、语调。通过观察主题图、整体视听、完成任务单等活动培养学生获取信息的能力。通过学生小组汇报，学生集体就关键语言复现，强化了关于菜品的词汇，充分地激发了学生的学习兴趣，为后续读者剧场的表演起到了铺垫作用。

表 3-1　学生任务单

What would Mike and his parents like to eat? Mum/Mike/Dad would like ____________.			
	meatballs	some vegetables	sweet and sour fish
Mum		√	
Mike			√
Dad	√		

(2)聚焦第一幅主题图，学习核心语言，树立健康合理的饮食观念

Mike 的爸爸让家人们先点餐，教师请学生听第一段对话并回答问题“What does Mike's dad ask?”。教师播放录音后，请一名学生回答“What would you like to eat?”，同时教师请全体学生集体说出“What would you like to eat?”，全体学生集体模仿教师的语气与动作再次进行练习。教师接着问：“Yes. Mum would like some vegetables. Why?”。学生回答：“Because vegetables are healthy.”。教师请一位学生扮演 Mike 的爸爸，教师扮演 Mike 的妈妈，其他学生先同问爸爸的问题“What would you like to eat?”，然后教师回答“I'd like meatballs. They are healthy.”，同时做伸出大拇指的动作。其他学生再集体回答并模仿动作。通过观看课文动画、学生展示，引导学生在理解意义的基础上，学习核心语言“What would you like to eat?”及答语“I'd like…”，同时树立健康合理的饮食观念。

(3)聚焦第二幅主题图，进一步理解核心语言，强化健康合理的饮食观念

教师根据第二幅图在 Mike 一家点餐的过程中，服务员过来询问点些什么，请学生听第二段录音并回答：“Mum likes vegetables. They are healthy. What would Mum like to eat?”。此时，教师请学生回答“Chinese cabbage and potatoes ”，全体学生复现“Chinese cabbage and potatoes”。教师追问：“What does Mum say to the waiter? ”，学生回答“Please don’t make them too salty. ”。教师做否定的手势并加上语言“Please don’t make them too salty. ”。然后教师扮演妈妈，其他学生集体进行复现“Please don’t make them too salty. ”。通过以上活动，帮助学生进一步理解核心语言，培养学生听、说、读、思的语言能力，并在学习过程中强化健康合理的饮食观念。

3. 语言操练

(1)听音跟读，读者剧场表演展示

学生先进行听音跟读，然后以组为单位，结合课上教师的指导进行小组内读者剧场的操练和展示，并依据评价标准对他人的表现做出点评。通过读者剧场的形式加深了学生对对话内容的理解，内化了核心语言，为后续综合运用语言奠定了基础。

(2)谈论健康饮食

教师先询问学生 Mike 和他家人的点餐是否健康，再通过“膳食金字塔”向学生介绍健康饮食的要素。通过以上活动，强化学生健康饮食的意识，为后面学生自制晚餐菜单做好铺垫。

(二)实践与指导

1. 小组合作，共同制作健康的晚餐菜单

教师创设 Mike 想要制作健康的晚餐菜单的情境，以小组为单位，请小组同学帮助 Mike 制作菜单。

2. 角色分配，共编剧本

菜单制作完毕后，教师给学生提供剧本支架，学生结合菜单和剧本支架，小组合作创编剧本。小组学生根据实际情况，删减或者增加内容，但是要保证内容全面。剧本创编完毕后，小组学生进行角色分配，剧本中原本只有三个角色，学生可以组成 3 人小组或者 4 人小组，学习能力较弱的学生可以只表演齐读部分，从而保证学生全员参加。

3. 小组合作，演练剧本

在完成角色分配以后，学生开始反复练习朗读，将角色中该有的语音、语调、动作、表情等融入其中，从而让观众对他们的表演感兴趣。小组内的学生互相纠正自己拿不准或者读不流利的台词。教师重点辅导齐读部分，比如开篇使用的小韵文：“Healthy food is very important in a day. My body needs nutrition to run and play. Then everything will be okay. And I can have a good day."。教师示范时要读出韵律感，让学生尽力模仿，为正确地发音夯实基础。

(三)展示与评价

小组同学上台，依次介绍自己的角色，并列站立，轮到表演时，表演者可以向前迈出一步读出自己的台词，然后大家再进行齐读，这样做可以使观众更好地辨认角色。展示结束后，其他同学对小组成员根据读者剧场评价标准进行评价。通过读者剧场的形式，学生学习巩固本课重点句型，强化健康饮食的意识，培养运用语言的能力。

六、*A Healthy Menu for Chinese Dinner* 读者剧场剧本

<table>
<tr><td colspan="4">A Healthy Menu for Chinese Dinner</td></tr>
<tr><td rowspan="2">原始文本体裁</td><td rowspan="2">课本对话</td><td>角色数量</td><td>3个</td></tr>
<tr><td>适用年龄</td><td>9—15岁</td></tr>
<tr><td>蕴含主题</td><td>点餐、健康饮食</td><td>时长</td><td>2—3分钟</td></tr>
<tr><td>角色</td><td colspan="3">Dad，Mike，Mum</td></tr>
<tr><td>道具</td><td colspan="3">角色头饰</td></tr>
<tr><td>舞台展位</td><td colspan="3">Mum　Mike　Dad</td></tr>
<tr><td>All:</td><td colspan="3">Healthy food is very important in a day.（点头动作或是双手交叉于胸前）</td></tr>
<tr><td>Mike:</td><td colspan="3">My body needs nutrition to run and play.（做出跑、投篮的动作）</td></tr>
<tr><td>Mum & Dad:</td><td colspan="3">Then everything will be okay.（做出OK的手势）</td></tr>
<tr><td>Mike:</td><td colspan="3">And I can have a good day.（可以伸出大拇指做点赞动作）</td></tr>
<tr><td>All:</td><td colspan="3">Hooray!（双手举过头顶，并晃动双手）</td></tr>
<tr><td>Mike:</td><td colspan="3">But what is healthy food, Mum and Dad?（向前走一步，面对父母，手摊开，带着疑问的表情询问）</td></tr>
</table>

续表

Mum:	(伸出左手，手心朝上，然后伸出右手，手心朝上) Fruit and meat is good to eat(左右手击掌) And vegetables and fish (伸出左手，手心朝上，然后伸出右手，手心朝上) Should fill your dish. (左右手手心朝下，大拇指交叉)
Dad:	Eat good food and become very strong. (左手做点赞动作，然后展示左臂肌肉)Eat junk food and everything goes wrong. (摇头，双手在胸前交叉表示否定)
Mike:	I see，can I have some healthy food for dinner? (点头，询问父母)
Mum:	Of course，we can. (声音上扬，点头同意)
Mike:	Dad，what would you like to eat? (朝向爸爸，摊开手)
Dad:	I'd like some meatballs，vegetables and rice.
All:	Good choice! Rice is nice! (做点赞动作)
Mike:	Mum，what would you like to eat? (转向妈妈，询问)
Mum:	I'd like sweet and sour fish and tomato and egg stir-fry.
Mike:	I like them too，and I can try! (非常高兴，很想试着做饭)
Dad:	Can we have some drinks? (询问妈妈和 Mike)
Mike:	We can have fresh mango juice. Can I have some strawberry pudding to eat? (期待地看着父母)
Mum:	Yeah，that will be a tasty treat! (也很喜欢和期待)
Dad:	OK，Let's make them together.
All:	Family time! Let's cook together! (准备去厨房一起做晚饭)

七、教学反思

读者剧场使学生的学习兴趣得到了提高。曾经在学习完一篇课文后，我们会习惯性地让学生们分角色去表演，台上的学生用心地表演，而坐在座位上的学生更多的是想自己上去表演而不关注表演的学生。但是，通过读者剧场的形式，台下的学生们会被表演的同学所吸引，显得更专注，针对台上表演同学的优点和缺点，他们也会积极地跟着模仿或者改正，学习兴趣都得到了提高。

读者剧场使学生的自信心和合作能力得到了提高。读者剧场充分调动了每个学生的积极性。即便是小组中能力最弱的学生，也不会因为要单独表演而恐惧，也不会因为自己不会读书而尴尬、而胆怯。因为在小组一遍遍的排练中，他会毫无压力地跟读、模仿，在读得不标准时，小组同学也会不经意间提示个别词的读音；他们也不需要背台词，可以拿着台词上台，在一种无压力的状态下去锻炼自己，在这个过程中，每一个人都增加了自信心，他们团结合作的能力也得到了提高。

读者剧场使学生的表演能力得到了提高。对于中年级学生来说，他们不再像低年级学生那么无所顾忌地发言，他们怕出错，怕被别人取笑，开始有了顾虑。但是，慢慢接触读者剧场后，学生们扭捏的感觉慢慢地消失了，也更愿意加入自己的动作进行表演。通过多次的尝试，他们的表演能力也逐步提高了。

读者剧场不仅提高了学生们学习英语的兴趣，还增强了小组合作能力、自信心及表演能力。学生们非常喜欢这种形式，全员参与课堂得到了体现。在今后的教学中，我会努力给学生们更多的时间去尝试，让他们在愉悦的氛围中学习英语，最终提高学生的综合能力。

（授课教师：北京十二中朗悦学校　高云蕾、李艮艳）

八、专家点评

读者剧场助力挖掘教育主题

这是一篇在小学四年级会话课中应用读者剧场的成功课例，授课教师充分发挥了会话课与读者剧场结合的优势，较好地完成了教学目标。

从教学设计和实施来看，授课文本话题(食物)与学生生活接近，挖掘出的教育功能(合理饮食)非常符合当下学生的需求，文本语言难易程度适合学生，篇幅短小精练，兼具趣味性和表演性，互动性强，符合小学生的心理特点。所学习的文本原本已是对话形式，但要变成适合学生使用的读者剧场形式，教师还是下了一番功夫：教师添加了许多故事情节与细节，使故事合理化；增加了大量的动作与情绪，以及歌谣，使四年级的学生拿到剧本便能立刻进行表演并且更深刻地理解故事以及主题(合理饮食的重要性)。教学目标充分挖掘读者剧场的功能，既有提升学生文本语言的目标，又有提升学生朗读能力和合作能力的目标，还有培养学生合理饮食素养的目标。教学过程完整而合理，从准备与铺垫到实践与指导，再到展示与评价，是一个完整的学习过程。学生在教师的指导下，通过理解文本、感受教育主题、编练剧本、展示评价等步骤，逐步达到本课的目标。从教学评价的角度来看，教师提出了明确的评价标准，并在实施过程中有明确的指示，使学生非常清楚地知道自己的学习进程，了解其中的不足。建议教师在教学过程中可以在问题设计、活动设计、读者剧场剧本的撰写方面多下功夫，更多地吸引学生，以提高学生的想象力和创造力。

（北京教育学院　柯丹）

第三节　保持自信

——多角色故事绘本 *Animal Talent Show* 读者剧场教学

一、引言

Animal Talent Show 选自“丽声英语小剧场”系列丛书第一级，由 Vivian French 编著，Stephen Stone 绘图。Vivian French 早年是一位演员，有丰富的演艺经验，后成为优秀的童书作家。她在写作时能将自己的舞台演艺经验融入写作中，使得故事更具有表演性和趣味性。该绘本共 13 页，600 多个单词，属于英语迷你短剧，难易度适宜，内容生动有趣，并全部以对话形式展开，语言简洁、凝练、鲜活，非常适合小学三四年级的学生进行读者剧场表演。

二、文本解读

(一)文本话题与主要内容

Animal Talent Show 涉及的与课标对应的话题有娱乐活动、情绪、意外、音乐与舞蹈。作者讲述的是一群动物举办才艺秀的故事。蚂蚁是裁判，小鸟、猫、羊、狗和牛是参加才艺秀的选手。比赛开始后，动物们依次信心满满地演唱了自己的拿手曲目。而迟到的小鸟由于感到饥饿，将蚂蚁裁判吃掉了。由于没有了裁判，最后动物们宣布他们每个人都是冠军。

(二)主题意义与教育价值

Animal Talent Show 中的每个动物都对自己的表演充满了信心，觉得自己的演唱是最棒的，故事中的小鸟更是对动物们的表演给出了表扬和鼓励。作者借此想教育读者做任何事情都要有信心，有了自信心的加持，事情就已经成

功了一半。为更好地将动物们信心十足的样子及骄傲的语气展现出来，授课教师可对动物们的演唱内容做适当的丰富。

(三)体裁特征与语言特点

故事文本是一篇英语迷你短剧，运用拟人化的手法描述动物们参加才艺秀的过程。故事以对话形式展开，语言通俗易懂，且含有比较生动的拟声词，如“woof，miaow，baa，tweet，moo”等，能增加表演的趣味性和观赏性。此外故事情节精彩，娱乐性、互动性强，结局非常具有戏剧性，有利于学生进行读者剧场的自主创编及表演。

三、学情分析

参与 *Animal Talent Show* 读者剧场表演的 7 名学生是北京市近郊区小学三年级学生，平均年龄 8 岁。他们英语基础知识掌握扎实，能认读“hear，sing，singer，song，animal，star，cat，dog，cow，good，better”等词，并能用“good，better”等词发表自己的观点。此外学生看过并了解真人秀节目，熟悉娱乐活动的相关话题，并对此话题感兴趣。他们性格活泼开朗，喜爱表演，口语表达能力较强，对读者剧场有初步的认识，在课堂上有读者剧场的练习和表演经验，但学生朗读时的语音、语调、意群停顿、重音及节奏等方面还存在一些问题，需要教师进行指导并多加练习。

四、教学目标

在学习结束时，学生能够：

1. 通过图片环游、完成任务单等方式获取和梳理文本的主要信息。
2. 通过跟读对话，正确朗读对话。
3. 通过讨论分析，认识到故事中的动物自信的品质和态度。
4. 通过读者剧场练习表演，深入理解文本。

五、教学流程

Animal Talent Show 读者剧场教学实践活动主要分为三部分(见图 3-3)。

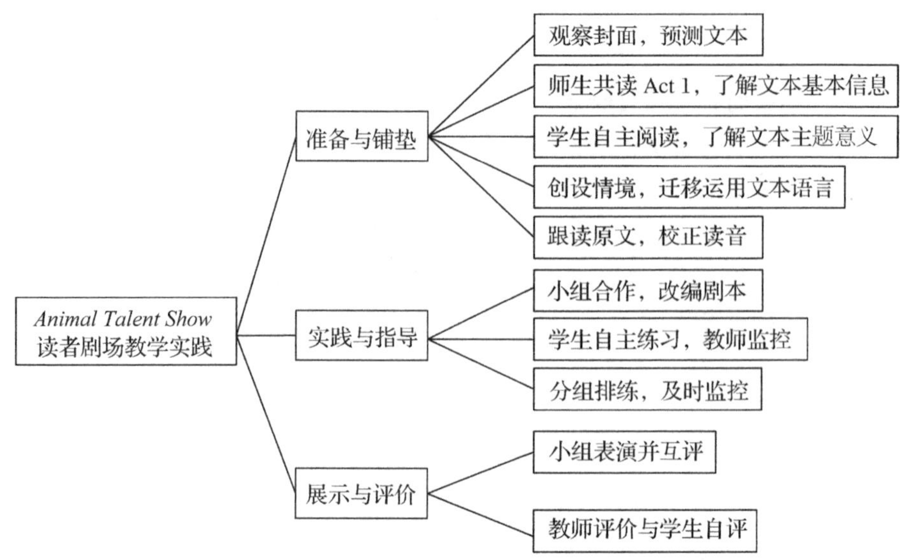

图 3-3 *Animal Talent Show* 读者剧场教学流程

(一)准备与铺垫

1. 问题导入，激活学生背景知识并预测故事内容

教师以问题导入的形式激活学生关于才艺秀的背景知识并联系其自身经历，将其带入本课的学习中。教师提问“What talent do you have? Would you like to show us if you could?”，然后让学生观察绘本的封面，预测绘本内容，教师提问“What can you see from the cover? What will they do? ”。

2. 阅读并获取语篇中的重点信息

(1)师生共读 Act 1

学生首先整体视听音频，验证自己的猜测。然后师生共读 Act 1，教师提问“What are the animals going to do? What does the ant do? What do the animals say about the ant? ”。在这一部分，学生了解到绘本的基本信息并提取了跟主题意义相关的词汇，如“fantastic，best judge，big star，biggest star ever”。接着学生跟读音频，掌握 Act 1 中生词的发音，同时教师对学生朗读 Act 1 的语音、语调及表情、动作进行初步指导。如骄傲的蚂蚁裁判说话时应该是什么语气，在表情和动作上又会有什么样的表现，崇拜蚂蚁裁判的动物们在赞赏蚂蚁时会是什么语气、表情和动作。

(2)学生自主阅读故事的剩余部分

理解 Act 1 之后，学生自主阅读 Act 2、Act 3、Act 4 和 Act 5，并完成任务单(见表 3-2)。

表 3-2　学生任务单

主题	Animal Talent Show				
场次顺序	Act 1	Act 2	Act 3	Act 4	Act 5
人物	All the animals	_____ _____	_____ _____ _____	_____ _____ _____ _____	_____
事件	All the animals praise the ant.	_____ sings.	The bird _____. The sheep _____.	The _____ and _____ sings. The bird eats _____.	All animals are the winners.
时间					
地点					

任务单从场次顺序、人物、事件、时间及地点五个方面展开，将内容框架化，便于学生提取信息，理解记忆。学生完成任务单后，全班核对答案。在此过程中，分析故事中人物的性格特征及人物说话时的语音、语调。学生基于教师的问题“What do you think of the ant/bird/…？”讨论人物性格。接着学生跟读音频，掌握“fantastic，moo，puff，tweet，baa，miaow，woof”等单词的发音，同时在跟读过程中加深对文本的理解和记忆。教师对学生朗读时的语音、语调及表情、动作进行初步指导。然后学生根据语言支架对故事进行复述。最后，教师提问“Which animal do you like best? Why？”，学生讨论交流，认识到故事中的动物在面对事情时信心十足，我们在日常生活中也应对自己充满信心。

(3)创设情境，迁移运用文本语言

教师创设举办一场特殊的动物才艺秀活动，让学生选择自己喜欢的一种动物，先说说这种动物有什么特点，然后将该动物的特点表演出来，并让其他学生猜一猜演的是什么动物。最后，学生在教师提供的语言支架下对同学的表演进行评价。学生在表演和评价的过程中将目标语言迁移运用到了新的情境中，从而内化了目标语言。

(二)实践与指导

1. 小组合作改编剧本

为更好地将绘本中动物们乐观自信的品质展现出来，师生对绘本进行了简单的编写，如对能体现主题意义的重点词句进行重复。首先对动物们唱歌的内容进行了重复与强调，如 Cow 自信地唱出“Moo moo moo! Moo moo moo!”，为强调这种自信，其他动物在 Cow 唱完之后，再次合唱“Moo moo moo! Moo moo moo!”。接下来其他动物的唱歌环节跟 Cow 一样。此外，为了让故事情节更加清楚直观地呈现出来，师生商议在剧本中增加了 Narrator 的角色。确定好剧本台词及角色后，学生分组，7 人为一组，共 5 组。教师根据学生的英语学习能力和主观意愿进行角色分配，然后进行对剧本的演练。

2. 学生自主练习，教师监控

在前期的剧本准备与铺垫过程中，学生在教师的指导下已经能正确读出文本中的生词和难词，做好了语言准备。接下来就是学生基于读者剧场的评价量表去演练剧本。

首先学生朗读整个剧本的台词，这样不仅能熟悉自己和同伴的台词，做到有默契地合作，还能体会同伴的角色情感并帮助同伴思考台词的语音、语调、动作及表情。如作为裁判的蚂蚁第一个出场，他在说“I am Fantastic Ant. I am the judge of the Animal Talent Show”时应该是什么样的语气和动作。在前期的准备与铺垫中，学生们对人物性格都有了一定的了解，因此组内学生讨论出 Ant 说话时应该是趾高气扬、盛气凌人的语气。再比如，对于动物们依次展示才艺时，应该以怎样的旋律唱歌并配以什么样的舞台动作，也是基于前期的学习，学生们一起思考讨论并敲定最终动作。与此同时，学生在剧本上标注出自己朗读部分的语音、语调、动作、表情的设计，同时教师巡视监控并给出合理建议。

然后学生分工朗读剧本，熟悉自己负责的台词。教师在此过程中进行全班巡视，针对发现的共性问题做班级指导。

最后学生一起正式排练，在排练过程中教师时刻关注学生朗读的准确性、语速、语气、语调、意群断句、表情、肢体动作等。针对发现的问题，做小组指导。

(三)展示与评价

经过前期反复的剧本演练，学生对剧本有了更深刻的理解，生生合作也更默契，能流畅地将剧本演绎出来。为达到比较好的演出效果，教师选择学校的报告厅作为展示舞台。展示前，教师需在舞台上做好站位标记，以防学生站偏位置。学生手持剧本按抽签顺序上台表演。当一组表演结束后，其他小组根据读者剧场小组评价表对其进行评价打分并写出一个优点和一条建议，然后是教师评价并打分。表演的小组下舞台后，再进行自评。其他小组依次按此流程进行展示与评价。最后教师进行总结性点评。

六、*Animal Talent Show* 读者剧场剧本

<table>
<tr><td colspan="4">Animal Talent Show</td></tr>
<tr><td rowspan="2">原始文本体裁</td><td rowspan="2">童话故事</td><td>角色数量</td><td>7 个</td></tr>
<tr><td>适用年龄</td><td>8—12 岁</td></tr>
<tr><td>蕴含主题</td><td>自信、乐观</td><td>时长</td><td>4—5 分钟</td></tr>
<tr><td>角色</td><td colspan="3">Narrator，Bird，Cat，Sheep，Dog，Cow，Ant</td></tr>
<tr><td>道具</td><td colspan="3">动物头饰</td></tr>
<tr><td rowspan="3">舞台站位</td><td colspan="3">Act 1—2 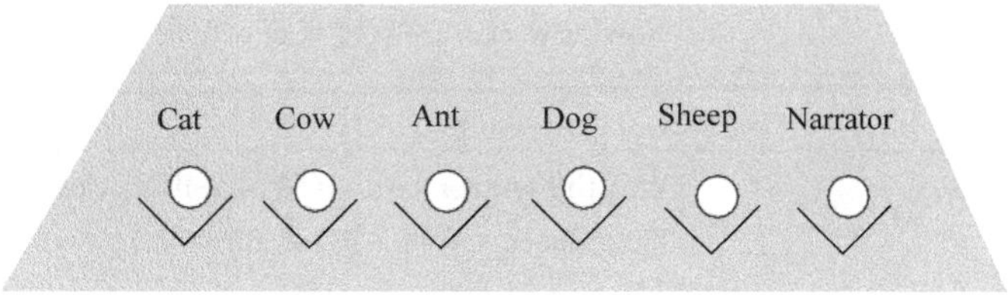
Cat　Cow　Ant　Dog　Sheep　Narrator</td></tr>
<tr><td colspan="3">Act 3—4 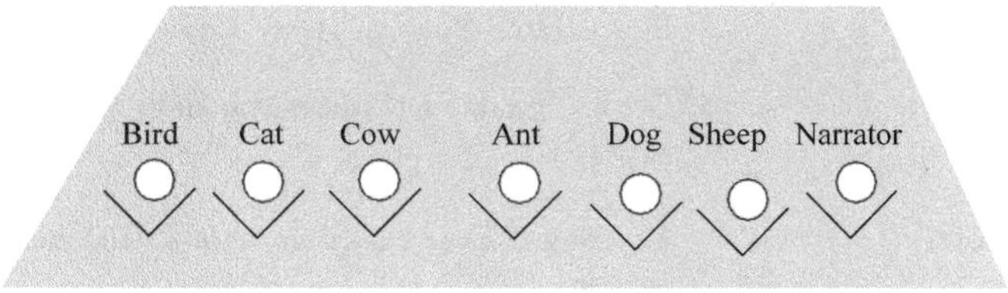
Bird　Cat　Cow　Ant　Dog　Sheep　Narrator</td></tr>
<tr><td colspan="3">Act 5 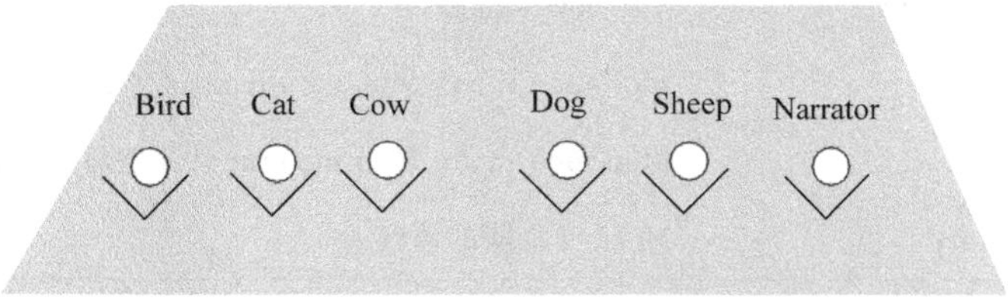
Bird　Cat　Cow　Dog　Sheep　Narrator</td></tr>
</table>

续表

Act 1	
All:	Hey hey go, talent show, talent show. We are the winners. We are the winners. One step, two steps, three steps, stop. Good morning, ladies and gentlemen.（唱着台词，整齐进入舞台）
Narrator:	Today we are going to tell you a story.
All:	Animal talent show.（全部向上举起一只手）
Narrator:	This is the Fantastic Ant. He is the judge of the Animal Talent Show!（所有角色双手指向蚂蚁，蚂蚁双手叉腰，做出一副骄傲自满的样子）
Cat:	He's the best judge ever!（崇拜赞赏的语气）
Dog:	And he's a big star.（崇拜赞赏的语气）
Cow:	He's the biggest star ever!（崇拜赞赏的语气）
Sheep:	He's fantastic!（崇拜赞赏的语气）
Ant:	Yes, I am! We can start the Animal Talent Show now.（趾高气扬）
All:	Now now now.（欢呼兴奋，手向上举）
Act 2	
Ant:	Will the winner be Cat（猫叫一声）, Cow（牛叫一声）, Dog（狗叫一声）, Sheep（羊叫一声）or Bird?
All:	Bird? What bird?（双手摊开，表示疑问）
Ant:	Bird is late. You can start, Cow.
All:	Go on, go on, let's hear you sing, Cow.（为牛加油，并做出倾听的动作）
Cow:	My song is *Over the Moon with a Dish and a Spoon*.（做出举话筒的手势）
Narrator:	The cow sings.
Cow:	Moo moo moo! Moo moo moo!（牛做出弹吉他的手势）
All:	Moo moo moo! Moo moo moo!（全部做出弹吉他的手势）
Ant:	Next.（急躁的语气）

续表

Act 3	
Bird:	Puff, puff! Tweet, tweet!（发出小鸟叫声，入场）
Narrator:	Listen, what's that?（身体朝小鸟倾斜，并做出倾听手势）
All:	It's a bird.（做展翅飞翔的动作）
Bird:	Is this the Animal Talent Show?（双手摊开，疑问的语气）
All:	Yes, and you are late!（指向小鸟，责备的语气）
Bird:	I got lost.
Sheep:	Sh-sh! It's my go now.（食指放嘴上，示意让别人安静）
All:	Be quiet and let Sheep sing.
Sheep:	My song is *The Little Boy Down the Lane*.
Narrator:	The sheep sings.
Sheep:	Baa baa baa! Baa baa baa!（做出举话筒的动作，然后双手放嘴旁，跳着唱歌）
All:	Baa baa baa! Baa baa baa!（做出跟羊一样的动作）
Ant:	Next!（急躁的语气）
Act 4	
Cat:	It's my turn now! I will sing *Song to the Queen*（做出举话筒的动作）
Narrator:	The cat sings.
Cat:	Miao miao miao! Miao miao miao!（做出弹乐器的动作）
All:	Miao miao miao! Miao miao miao!（做出弹乐器的动作）
Bird:	That was a good song!（用大拇指指向猫，表示赞扬）
All:	No no no, that was not a good song. Dog can sing much better than cat.（双手在胸前交叉表示否定）
Ant:	Next! Your turn, Dog!（急躁的语气）
Dog:	My song is *The Big Bone Blues*.（做出举话筒的动作）
Narrator:	The dog sings.
Dog:	Woof woof woof! Woof woof woof!（双手放头两侧，跳着唱）

续表

All：	Woof woof woof! Woof woof woof!（双手放头两侧，跳着唱）
Bird：	That was very good, Dog! You are a good singer!（大拇指指向狗，表示赞扬）
All：	You go next, Bird.（手指向鸟）
Bird：	But I am too hungry to sing. I need some bird seeds!（手摸肚子，然后做出寻找的样子）
Cat：	Just get on with it!
Bird：	Look, a big seed! Yum!（看向蚂蚁）
All：	No! No! Stop! Don't do it, Bird!（双手交叉放胸前，然后右手伸出来表示禁止）
Ant：	Help!（双手举高，然后背对观众表示退场）
Narrator：	Bird eats Fantastic Ant.
Act 5	
Bird：	That's better. I can sing now! My song is *Happy, Happy Bird*.
Narrator：	The bird sings.
Bird：	Tweet tweet tweet! Tweet tweet tweet!（手放嘴上，做出唱歌的样子）
All：	Stop singing, Bird!（双手交叉放胸前表示禁止）
Cat：	That was not a seed(双手放在头两侧摇晃表示惊讶和生气）
All：	Not a seed.（双手放在头两侧摇晃表示惊讶和生气）
Dog：	That was Fantastic Ant!
All：	You just ate the judge!
Bird：	Oops!
All：	Well, now we can all be the winners!（一只手朝空中挥舞表示胜利，语气兴奋）
Bird：	Yes. Let's all sing a winner's song.
Narrator：	The bird sings.
All：	Moo! Baa! Miaow! Woof! Tweet! Do you like the story?（身体左右摇晃）We hope you enjoy it. Thank you very much.（鞠躬致谢）

七、教学反思

读者剧场的完美演绎必须基于读者剧场的评价标准展开，该标准包含三个评价维度：语言技能、合作交流和发挥创造。学生在整个学习过程中都在为达成这三个标准而努力，从而提高语言能力、文化意识、思维品质和学习能力。为将剧本流畅地演绎出来，学生需要反复阅读文本，学习文本中的语言知识，做好充分的语言准备，将文本中所传达的意义、意图和情感态度以自己理解的方式演绎出来，这为日后真实情境中的语言运用提供了条件。读者剧场的表演还需要与同伴相互交流学习，倾听他人的观点，提出自己的见解，这样能培养学生主动学习的态度，也有利于合作学习能力的培养。读者剧场还能培养学生得体表达的能力、合作共享的能力和深度思辨的能力。此外，学生还能在深度理解文本、表演文本的过程中了解、欣赏优秀文学作品，从作品的意蕴美中获得积极的人生态度和价值观念启示。如本课中动物们乐观自信的品质、小鸟积极评价赞赏他人的态度，对学生有很大的教育意义。

读者剧场可以看着台词朗读，学生在表演时很放松，没有紧张感。生生之间配合比较默契，朗读流畅。谈到读者剧场，学生说得最多的是可以不用背诵，比较轻松，有动作表演，特别有趣。家长也认为读者剧场形式新颖，有利于激发学生的阅读兴趣，加深学生对文本的记忆。

（授课教师：北京市十二中朗悦学校　刘莲）

八、专家点评

读者剧场教学中最不能缺少的角色——教师

这是一篇读者剧场在小学中低年级绘本课中成功应用的课例，授课教师充分发挥了读者剧场的优势，身兼多个角色，很好地完成了教学目标，具体特点如下：

从教学设计阶段来看，教师很好地扮演了 planner（规划者）的角色，选择的文本难易度适合、篇幅短小、兼具趣味性和表演性、互动性强，符合小学生的心理特点；充分考虑了小学低中年级学生的认知特点，文本均为对话形式呈现，不需进行大量修改，适合学生逐渐适应读者剧场的学习模式；文本选择与课标对应的话题紧密相关，选材注重教育价值；教学目标充分挖掘读者剧场的功能，既有提升学生文本理解力的目标，也有提升学生朗读能力和合作能力的目标。

从教学实施过程来看，教师的角色在读者剧场实施的全过程中不缺位、不越位。不缺位体现在在教学中能够扮演 informer（在活动中给出清晰的指示），manager（确保读者剧场每一个环节运转顺畅），involver（师生共同对文本进行改编，师生共读）；不越位体现在教师既充分放手让学生去自主学习、体验与思考，又能够在学生完成任务单、讨论主题意义和自主排练的过程中扮演 monitor（监督）的角色。

从教学评价的角度来看，教师兼顾了自评与他评，既引导学生发现同学身上的优点，也倡导学生经过批判性思考后提出改进建议，还在其中扮演了 diagnostician（排练中发现问题及时指出，展示后给予评价）的角色。合作学习体现在整个教学过程中，这既包括倾听他人的观点、贡献自己的智慧，也包括排练中与其他同学共同探讨如何将恰当的语音、语调、音量、停顿、动作注入舞台表演当中，这个学习过程也是小组成员合作完成共同目标的过程。

（北京教育学院　李小川）

第四节　做好本职工作

——双角色故事绘本 *No Kings in the Kitchen* 读者剧场教学

一、引言

No Kings in the Kitchen 这本书是由北京师范大学王蔷教授主编，由外语教学与研究出版社出版的一个绘本故事，是多维阅读系列中的第 3 级。绘本讲述了国王不顾厨师的劝阻跑进厨房做饭导致失火的故事。绘本角色特点鲜明、内容生动有趣，主要以对话形式呈现，情节富有悬念，结尾出人意料。此外，绘本语言较简单，适合语言程度较低的学生。更重要的是，文本中包含大量拟声词，人物情绪饱满，这些特点非常适合读者剧场这一表演形式，学生可以生动形象地将文本还原。

二、文本解读

（一）文本话题与主要内容

No Kings in the Kitchen 属于“人与自我”主题语境下的“人际交往”话题。

绘本讲述了一个国王不顾厨师的劝阻进到厨房想要煮菜，不仅烹饪杂乱无章，还在烹饪的过程中分心看书导致厨房着火，厨师闻讯赶到厨房急忙灭火并最终气愤且坚定地将国王赶出了厨房。

(二)主题意义与教育价值

绘本通过讲述国王在厨房做饭的经历，传达出“各司其职、各尽所能”的主题意义，鼓励学生认清自己的特长，并在自己擅长的领域里尽最大努力。

(三)体裁特征与语言特点

绘本体裁为记叙文，按照事件起因、经过和结果的顺序生动形象地讲述了这个既有趣又引人思考的故事。绘本主要使用一般过去时讲述故事，根据情境需要，人物间的对话使用了一般现在时和一般将来时。绘本中出现的词汇主要有“went into，kitchen，cook，put，on fire，wet”等，相关配图和文本语境有利于学生猜测词义从而理解文本。绘本塑造了鲜明的人物角色，并配以大量的对话和丰富的肢体动作以及面部表情，学生能够直观感受到人物的情绪。因此本篇绘本十分适合进行读者剧场表演。如厨师拒绝国王想要烹饪的想法，“I am the cook. You are the King!”一句在绘本首尾各出现一次，可引导学生通过读者剧场表演体验人物不同的情绪感受，理解“各司其职、各尽所能”的主题意义。

三、学情分析

授课学生为四年级学生，学生语言基础较薄弱，但对本话题有浓厚的学习兴趣，也有相关的生活经验。本篇绘本的语言对四年级学生来说难度较小。由于在本学期先后进行了三篇绘本的读者剧场表演，因此授课班级学生有少量读者剧场的表演经验。相比于常规朗读，学生更喜欢读者剧场这一表演形式。在表演时学生注意力更集中，能有意识地将情绪、动作等表演出来。但由于练习内容有限，学生在借用拟声词营造氛围方面经验较少，本篇绘本恰好包含了较多拟声词，学生可以进一步丰富其读者剧场的表演经验。

四、教学目标

在学习结束时，学生能够：

1. 根据已有认知，通过观察预测、视听验证、自主阅读等方式获取故事大意；

2. 在读者剧场表演故事时动作舒展大方、语言自然地道、发音准确、情感丰富；

3. 通过分析评价故事主要人物和表演故事，对“各司其职、各尽所能”有一定的认识。

五、教学流程

本次读者剧场的教学实践主要分为准备与铺垫、实践与指导、展示与评价三个部分(见图 3-4)。

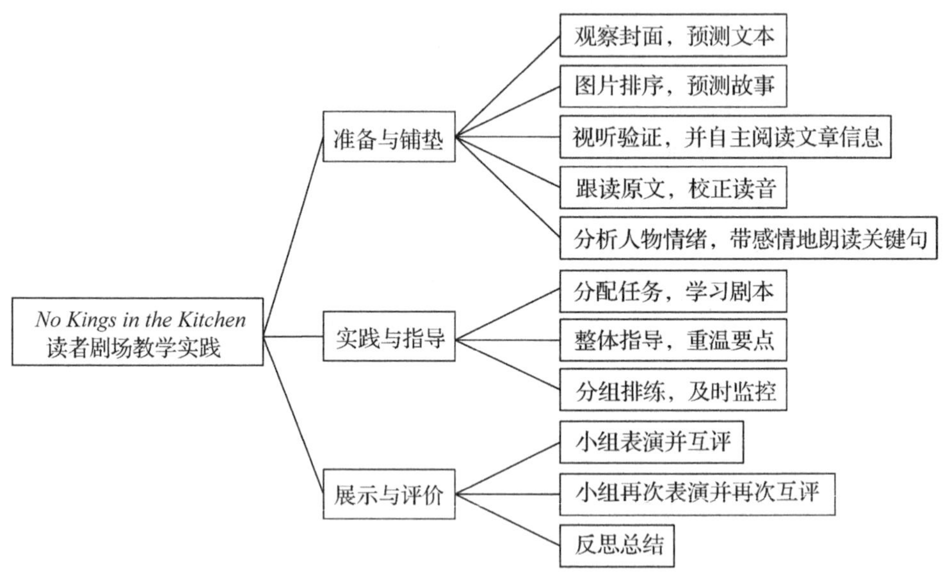

图 3-4 *No Kings in the Kitchen* 读者剧场教学流程

(一)准备与铺垫

1. 观察封面，预测文本

上课伊始，教师呈现了一张国王的图片，学生自由讨论自己对国王这一角色的了解。随后呈现绘本封面，引导学生从“Who are they? Where are they? What will happen? Will the king be a good cook?”等问题预测故事内容，激发学生的阅读兴趣。学生预测了很多版本的有趣故事，可见本篇绘本充分调动了学生的学习热情。

2. 图片排序，预测故事

学生看绘本封面进行预测后对主要情节图片进行排序，一方面激发和调动了学生的已有知识，促使新信息变得更容易理解和吸收；另一方面也有效培养了学生的阅读预测能力，学生在更多的提示下进行更靠近原文的有效预测。

3. 视听验证，并自主阅读文章信息

随后通过整体视听故事，在核对预测结果的同时，学生对故事内容有了初步了解。在此基础上，教师提出几个细节问题，如"What did the king put in the pot? What happened in the kitchen? "。学生精读文章，获取细节信息。

4. 跟读原文，校正读音

学生在梳理完故事的细节信息后，首先多次跟读原版录音，从准确性、语速、语气、意群断句等角度关注如何流畅地阅读。由于本篇绘本的语言对四年级学生来说难度较小，所以教师引导学生重点关注朗读的语气和语速。

5. 分析人物情绪，带感情地朗读关键句

学生在学习完语言后，通过开放性讨论"Is the king a good cook? Why or why not?"，体会"各司其职、各尽所能"的含义。随后呈现本文关键对话，学生结合场景和对话分析人物情绪，并尝试结合动作有感情地朗读关键对话。比如国王在进厨房、和厨师争论以及不顾反对进行烹饪时分别说了一次"I will cook the dinner"，厨师在国王进厨房、和国王争论以及扑灭厨房大火之后分别对国王说了一次"I am the cook. You are the king. "，学生思考如何将几次对话时不同的情绪生动形象地表现出来。本环节练习完毕后，全班借助评价标准互相点评反馈，学生后续可以将本课关键对话更加生动形象地表现出来，为读者剧场的练习环节做好铺垫。

(二)实践与指导

由于学生语言水平有限、读者剧场经验欠缺，教师使用最简单的剧本改编方式，即完全忠实原始文本，不对原始文本进行任何文字的修改，只根据表演读者剧场小组成员的人数和剧本的特征对原始文本进行切分。学生在前期跟读原版录音，有效提升了语言的准确性、语速、语气和意群断句等方面，对后续读者剧场的排练环节做了有效铺垫。

1. 分配任务，学习剧本

全班按照异质分组的方式共分成 6 组，每组 6 人(2 个国王、2 个厨师、2

个旁白)。每组内分发一份读者剧场评价标准和6份剧本。学生在小组内分配好角色后首先自主练习朗读自己角色的台词，并根据提示做出相应的动作和表情，不断熟悉自己表演的部分。

2. 整体指导，重温要点

尽管在准备与铺垫环节学生通过分析人物情绪带感情地朗读了关键句，学生有意识地努力刻画人物形象，但是教师在巡视中发现很多组的角色情绪表现得仍然不够饱满。针对这一共性问题，教师在班级中进行集体指导，再次强化。此外，对于国王角色的塑造，很多组只是在单一地朗读台词，没有加入符合语境和人物形象的动作。为此教师启发学生集思广益，设计动作来体现国王的霸道、盲目自信等特点。

3. 分组排练，及时监控

小组6人进行组内排练。小组在排练过程中要依照评价标准不断修正、调整自己组内所有成员的表演，尽可能在语言、合作和创造三方面都做到最好。在此期间教师要在各组之间来回巡视，在必要的时候为各小组学生提供有针对性的指导和帮助。

(三)展示与评价

1. 小组表演并互评

准备时间结束后，每个组轮流上台进行表演。由于准备时间不是很充分，每个组的表演都有较大的提升空间。其中最大的问题是学生动作和语气不到位，在富有鲜明人物特色的动作和语言上表现不生动。如国王在成功占领厨房后一股脑往锅里胡乱添加食材，旁白的台词是“He put this in the pot. He put this and this in the pot.”。对于旁白来讲，两句里重音应该在三个“this”上，旁白应该夸张地拉长“this”的读音；对于国王来说，加食材的动作幅度应该做得大一些；对于厨师来说，眼睛看着国王不如将目光锁定在国王的手上，国王大幅度添加食材的动作会带动厨师的头部也随之做出相应的动作。这样一来，夸张的语气和动作既能让观众看清动作表演，又能凸显国王毫无章法地烹饪，并能在一定程度上起到喜剧效果。除此之外，朗读声音小、配合不默契也是各组共性的问题。在小组表演完毕进行全班评价的时候，作为观众的学生都能够意识到这几类问题，并能精准地点出问题、给出改进措施。比如，有一组学生观众在评价的时候这样说道：“在厨师灭完火后，他第二次对国王说‘I am the cook. You are the king!’，这个时候厨师的情绪应该是已经愤怒到了极点，你们组厨师的语气应该再强一些。配合着绘本中厨师的表情和动作，在实际表演中应该更加夸大一些，朗读的时候语速应该放到最慢，'I—am—the cook. You—are—the king! '，并同时应该添加把国王推出厨房的动作。"这位同学的点评也正是教师想要表达的内容。可以看出，学生对塑造角色的思考还是十分有深度的，有限的时间是影响学生最终表现的最大问题。因此，在第一轮表演以及评价之后，为了让学生将自己发现的问题纠正过来，教师组织学生进行第二次排练。这一次每组的表演都更有针对性，学生也都更加积极地投入第二次排练中。

2. 小组再次表演并再次互评

在第二次集中排练的过程中，学生仍是依照评价标准，同时结合同伴以及教师给出的改进建议进行排练。可能是受到其他组表演的启发，也可能是学生自己对文本有了更深的理解，教师发现学生在第二次排练的过程中想法更丰富，在表达台词时加入了更多的动作和表情。比如在国王和厨师来回争论谁做饭的时候，为了加剧人物冲突，学生给国王设计了从厨师手里抢来厨具的动作，一方面突出表现出国王的霸道，另一方面增添了喜剧效果，将观众带入其中，反衬出厨师的气愤。学生的小组自评里也更加注意了一些弱项的改善，教师在巡视小组排练的过程中发现，学生在语言技能方面，尤其是音量方面也有了很大的改善，同时小组同伴之间的配合变得更加默契，台词之间衔接紧密，两个"国王"和两个"厨师"在台词和动作上也能分别保持一致。同时扮演厨师的学生还将自己的校服脱下来当作围裙围在腰间，扮演国王的学生将校服披在肩上，反戴小黄帽当作皇冠。学生突发奇想，充分利用现有的道具将角色塑造得更加生动形象。可见第二次排练的效果在表演质量上有了明显的提升，这一步是至关重要、不可或缺的。学生在充分练习的基础上开展了第二次全班范围内的展演。教师和学生依然借助评价标准为表演的小组进行点评反馈。教师和学生都能明显感觉到每一组的表演不论是在语言技能方面，还是在和观众的眼神交流、小组合作方面，抑或是在道具制作、动作神态等发挥创造方面都有了明显的改善。

3. 反思总结

在第二次表演完毕之后，教师没有立刻开展下一个教学内容，而是呈现出两次表演的评价表，学生对比两次的自评表和他评表进行反思和分享。学生从个人和小组两个角度思考本次读者剧场表演的收获，或者相比于上一次读者剧场的表演，在哪些方面有了提升。例如有一位同学说道："我感觉自己在这一次的表演中能够抓住厨师的心理活动，能很勇敢地表现出他的气愤。我们小组配合得比上一次更加默契了，上次到了全体音效呼应的时候，有的同学没反应过来，这次我们小组的音效呼应做得特别好。"这一步的反思是为了让学生回顾自己的变化，从而更有信心地开展下一次的学习。

六、*No Kings in the Kitchen* 读者剧场剧本

<table>
<tr><td colspan="4">No Kings in the Kitchen</td></tr>
<tr><td rowspan="2">原始文本体裁</td><td rowspan="2">童话故事</td><td>角色数量</td><td>3 个</td></tr>
<tr><td>适用年龄</td><td>9—11 岁</td></tr>
<tr><td>蕴含主题</td><td>各司其职、各尽所能</td><td>时长</td><td>4—6 分钟</td></tr>
<tr><td>角色</td><td colspan="3">Narrator 1，Narrator 2，Cook 1，Cook 2，King 1，King 2</td></tr>
<tr><td>道具</td><td colspan="3">厨师帽、厨具、皇冠(学生的小黄帽)、围裙(校服)等</td></tr>
<tr><td>舞台站位</td><td colspan="3">Narrator 1　Cook 1　King 1　King 2　Cook 2　Narrator 2</td></tr>
<tr><td colspan="4">Scene 1</td></tr>
<tr><td>All:</td><td colspan="3">Hello, everyone!</td></tr>
<tr><td>Narrator 1:</td><td colspan="3">(疑问的语气) Do you know the king?</td></tr>
<tr><td>King 1:</td><td colspan="3">(骄傲的语气) I'm the king, and I am the leader of the country.</td></tr>
<tr><td>Cook 1:</td><td colspan="3">(攥拳的动作，敬畏的语气) He has strong power.</td></tr>
<tr><td>Cook 2:</td><td colspan="3">(双手伸开，崇拜的语气) He can do many things.</td></tr>
<tr><td>King 2:</td><td colspan="3">(疑问的动作和语气) But what will happen if I, the king, go into the kitchen?</td></tr>
<tr><td>Narrator 2:</td><td colspan="3">(竖起大拇指，疑问的语气) Is he a good cook?</td></tr>
<tr><td>All:</td><td colspan="3">(读到 "No kings" 时双手交叉于胸前，同时摇头，拒绝的语气) Today we will tell you a story. The name is No Kings in the Kitchen.</td></tr>
</table>

续表

Narrator 2：	（台词开始前两个厨师正在切菜做饭，台词结束后两个国王大踏步三次）The king went into the kitchen.
King 1+King 2：	（骄傲自信的语气，大拇指指向自己同时说台词，并在台词结束后从厨师手里抢来厨具开始做饭）I will cook the dinner.
Narrator 1：	（两个厨师背靠背分别看向两个国王，诧异的表情）The cook looked at the king.
Cook 1+Cook 2：	（双手交叉于胸前，同时摇头，拒绝的语气）No! No! No!
Cook2：	（大拇指指向自己，坚定的语气）I am the cook.
Cook1：	（指向国王的动作，坚定的语气，并在台词结束后从国王手里抢回厨具）You are the king!
King 1+King 2：	（食指向上来回摆动表示拒绝的动作，高傲的语气）No! No! No!
King 1：	（大拇指指向自己，坚定的语气并在台词结束后从厨师手里抢来厨具）I will cook the dinner.
Cook 1+Cook 2：	（双手交叉于胸前，拒绝的语气）No!
Cook2：	（大拇指指向自己，坚定的语气）I am the cook.
King 2：	（大拇指指向自己，坚定的语气）I am the king.
King 1：	（大拇指指向自己，坚定的语气并在台词结束后把厨师撞开，此时厨师和国王两个角色互换位置）I will cook the dinner!
Scene 2	
Narrator 1：	（国王往锅里添加食材，同时厨师的目光紧紧跟随国王的手）The king put this in the pot.
Narrator 2：	（国王往锅里添加食材，同时厨师的目光紧紧跟随国王的手）He put this and this in the pot.
Cook 1+Cook 2：	（摸着头表示难以忍受的动作，崩溃的语气）Oh no!
Cook 1+Cook 2：	（跺脚转身表示离场，气愤的语气）I am going away.
Narrator 1：	（厨师背向观众保持离场的状态）The cook went away.
Narrator 2：	（国王坐下）The king sat on a chair.
King 1+King 2：	（悠哉得意的语气）I am the cook!

续表

Narrator 1：	（众人一起做 bubble 的音效）The dinner went bubble! bubble! bubble!
Narrator 2：	（厨师转身面对观众表示返回厨房）The cook looked in the kitchen.
Cook 1＋Cook 2：	（张大嘴巴，语调上升，焦急的语气）Oh! Help!
Cook 2：	（跺脚的动作，焦急的语气）My kitchen is on fire!
Cook 1：	（斜着眼睛看国王，生气的表情和语气）Silly king!
Narrator 1：	（厨师向国王做出泼水的动作，众人一起做"wooosh"的音效）The cook put water on the fire.
Narrator 2：	（国王看向自己的衣服）The water went on the king too!
Cook 1＋Cook 2：	（不小心的语气）Oops!
King 1＋King 2：	（抖着自己的衣服，不开心的语气）I am wet!
Cook 1：	（大拇指指向自己，坚定且生气的语气）I am the cook.
Cook 2：	（语速放慢，语气坚定，说完后把国王推出去）You are the king!
All：	Thank you!

七、教学反思

近一学期的教学实践表明，相比于传统的跟读等重复朗读模式，读者剧场在培养学生语言能力、文化意识、思维品质、学习能力和合作交流能力等方面均有明显效果。

(一)语言能力方面

在实践读者剧场之前，学生羞于张口，不够重视词汇朗读的准确性。读者剧场的实践过程中，由于教师提供的评价标准中对朗读有明确的要求：读音准确、清晰、洪亮，每个小组成员都更加重视词汇的准确度，这使得所有学生在朗读准确性上有了明显改善。此外，学生在语调和断句方面也有了明显改善。常规课本朗读中教师虽然也不断提示语调和断句，但学生并没有融入场景中，所以朗读的语调没有做到抑扬顿挫。参加读者剧场以后，学生能将自己融入故事中，语言的朗读也生动了很多。例如 *No Kings in the Kitchen* 剧本中，在开头介绍背景时有这样一句台词："But what will happen if the king goes into the kitchen?"。这句话对学生来说是一个长难句，学生要在朗读准确的基础上做到断句准确、语调优美。学生在自主练习阶段发现如果语气平平地念下来，非常费力气，念出来的句子听着很奇怪，并且没有把疑问句的语调念出来，无法吸引听众的注意力。于是学生就有意识地先将其划分为几个小部分，虽然正确划分还是需要教师的指导，但学生逐渐关注断句和语调，这是在常规课教学中罕见的现象。

(二)文化意识方面

学生在塑造人物形象的同时也对文本有了更深的体会。*No Kings in the Kitchen* 一文中国王不听劝阻，自我定位不准确，不懂得各司其职、各尽其能的特点十分突出。每个组在表演中都抓住了国王的特点，并将其生动形象地表演了出来。这个人物形象其实也深深地刻在了学生的心中。有一次班级中一位同学要帮英语课代表收同学们的作业，结果没有像课代表那样按小组收集，也无法快速得知作业的收集情况。此时，班级中的另一位同学随口开了一句玩笑："你好像那个抢着要做饭的国王呀!"引发全班同学开怀大笑。从这一件小事也可以看出，平日的所学会给学生带来潜移默化的影响，让学生学会做人做事，将来成长为有文明素养和社会责任感的人。

(三)思维品质方面

学生在塑造人物形象的同时也对文本有了更深的体会。*No Kings in the Kitchen* 一文中国王的特点十分突出，如何通过表情、语气、肢体等多方面体现人物特征是学生们需要自主思考的方面。在这个过程中，学生结合自己的生活经验，能比以前更有逻辑地、更创新地表现文本，思维品质得到了提升。

(四)学习能力方面

读者剧场极大提升了学生的朗读兴趣。教师组织小组 PK 的方式也极大激发了学生的学习热情，课堂上学生紧锣密鼓地练习，课下学生也排练得如火如荼。这种积极性也渗透到了平日课本的学习中。有一位不爱写作业的同学后来增加了交作业的频率，还有一位语言基础不太好但是表现力很棒的同学，开始努力提升自己的英语学习效率，能够在课下自主地开展英语学习。

(五)合作交流能力方面

读者剧场是一个群体性活动，这也就说明了每个学生都不是独立的个体，都要从头到尾参与到表演当中，即使没有自己的台词，可能也需要配合整体表演做出一系列动作或者音效。这对培养学生的合作交流能力起到了积极作用。有一位同学在日常学习中注意力很难集中，小组合作时也不愿参与其中。但在读者剧场实施之后，小组练习环节他十分投入，能认真观看他人的表演；在台上表演的时候也能够紧跟步伐，和同伴之间合作十分默契。

（授课教师：北京十二中朗悦学校　晋玉洁）

八、专家点评

活化作品，还原生活，提升核心素养

从上述案例中我们可以看到，通过以学生学习为中心的读者剧场教学活动，可以实现文本作品从页面走向舞台，非常利于落实核心素养。

1. 在自主学习和合作学习中探究主题意义

众所周知，每个班级的学生阅读水平参差不齐，读者剧场需要各种不同的角色，对阅读水平高的学生可以提出更高要求。教师根据不同语言水平的学生有目的地分配角色，不同层次的学生在角色扮演的过程中都能提升阅读能力。同时，学生在教师指导下的自主学习、合作学习和探究学习等丰富多彩的活动中，阐释意义、表达意义和探究主题意义。如在准备与铺垫阶段，在教师主导下学生进行观察预测、视听验证、自主阅读等自主学习活动，在实践与指导阶段主要是小组合作学习、自主反复排练。在展示与评价阶段，既含小组展示、评价，也有全班的展示、交流和评价，以更准确地理解、表达主题意义。此外，随着学生水平的提高，小组成员还可以各取所需、各尽所能，自主选择或者合作协商确定适合自己水平的不同的角色。学生排练过多次以后，还可以交换角色。

2. 在角色扮演中提升学生的创造力与自信心

学生乐于扮演不同的角色，读者剧场给他们提供了发挥想象力、创造力和满足他们表达欲、表现欲的平台。此外，教师努力引导学生通过声音、动作、表情传情达意，在声情并茂的角色扮演中，力图活化文本、还原生活，与作品中的人物产生情感共鸣，把故事中人物的思想、感情表现得淋漓尽致，使表演绘声绘色。读者剧场在给学生带来很多乐趣的同时，也帮助他们建立了信心。

（北京教育学院　曹志华）

第五节 莫要顾此失彼

——拼读故事语篇 *Coats on Sale* 读者剧场教学

一、引言

本案例以《攀登英语阅读系列·神奇字母组合》中的 *Coats on Sale* 一书为例，说明如何基于以读者剧场为主线的教学思路，培养学生在积极的阅读体验中感知、渗透、使用、提炼、分析、归纳、总结拼读规律，形成拼读能力。

《攀登英语阅读系列·神奇字母组合》一共分 26 册，适合 6—9 岁儿童学习。书中将常见字母组合编写成 26 册生动有趣的图画书，讲述 26 个生动有趣的故事，激发学生英语学习的想象力和创造力。同时，在结构化的句式中不断复现含有同一字母组合的单词，通过这种结构良好、有意义的重复让学生学得轻松、记得容易。将这套英语绘本以读者剧场的方式让学生反复阅读，可以大大提高学生单词拼读的准确性，同时对拓展学生单词量、提升学生英语阅读的流畅度有很大帮助。

二、文本解读

(一)文本话题与主要内容

Coats on Sale 的故事讲述了山羊先生在报纸上看到了大衣打折的消息，他便乘出租车东奔西跑，花了很多车费，最后竟连一件折扣大衣都买不起了。该绘本聚焦"oa"字母组合的读音。故事中出现了"coat""goat" "road"3 个含有"oa"字母组合的词汇，这些单词在文中反复出现，这对于学生发现、总结"oa"字母组合的读音规律很有帮助。

(二)主题意义与教育价值

此绘本讲述了一个幽默的小故事。山羊先生本想要买一件便宜的大衣，却因自己没有提前了解市场、做好规划，而把钱花在了寻找便宜大衣的路上，最后找到了衣服却没钱购买。学生通过绘本故事了解到做事情前一定要做好规划，全面考虑问题，理智消费，合理安排自己的时间和金钱，不要顾此失彼。

(三)体裁特征与语言特点

绘本故事语言简单易懂，书中配有精美的图画，能帮助学生更好地理解故事内容，同时故事的冲突点明显，能够不断吸引学生自主阅读的兴趣。本书共有 17 页，75 个单词。从语言形式上看，绘本中有旁白、对话、独白三种形式，形式丰富。从语言结构上看，句式结构相近，词汇较为简单，易于朗读。整本故事的语言不论从理解上，还是从朗读上都不会给学生造成障碍，是学生易于接受，并且能够驾驭的。

三、学情分析

本节课的授课对象为二年级的学生。从语言基础方面，学生在一年级下学期重点学习了 26 个字母的书写及读音。二年级上学期，学生学习了常见的字母组合的读音规律，包括字母组合“ea”“ou”以及“oa”的发音，此绘本的学习正好可以补充“oa”字母组合的读音，丰富学生的拼读知识。绘本中“East”“West”“North”“South”4 个比较关键的词汇，因为之前学习过相关字母组合的发音，学生能够拼读出来；读音问题解决后，只需要帮助学生理解词汇的语义即可。

从认知特点层面来说，低年级学生喜欢读故事，以形象思维为主，学生很容易被带入故事情境中，感同身受地体验故事中人物的内心活动，并愿意参与角色扮演。学生初次尝试读者剧场这一形式的学习活动，表现出了极大的兴趣和热情。

四、教学目标

通过本课学习，学生能够：

1. 通过读前活动，读懂故事，理解故事的趣味性，能够朗读、表演或复述故事；

2. 能够深入掌握字母组合“oa”的发音规律，并能够进行初步运用；

3. 能够积极开动脑筋，帮助主人公发现问题并合理解决，学会全面考虑问题；

4. 通过小组合作，改编绘本，开展读者剧场表演，提升阅读流利度与阅读自信。

五、教学流程

Coats on Sale 读者剧场教学实践活动分为准备与铺垫、实践与指导、展示与评价三部分(见图 3-5)。

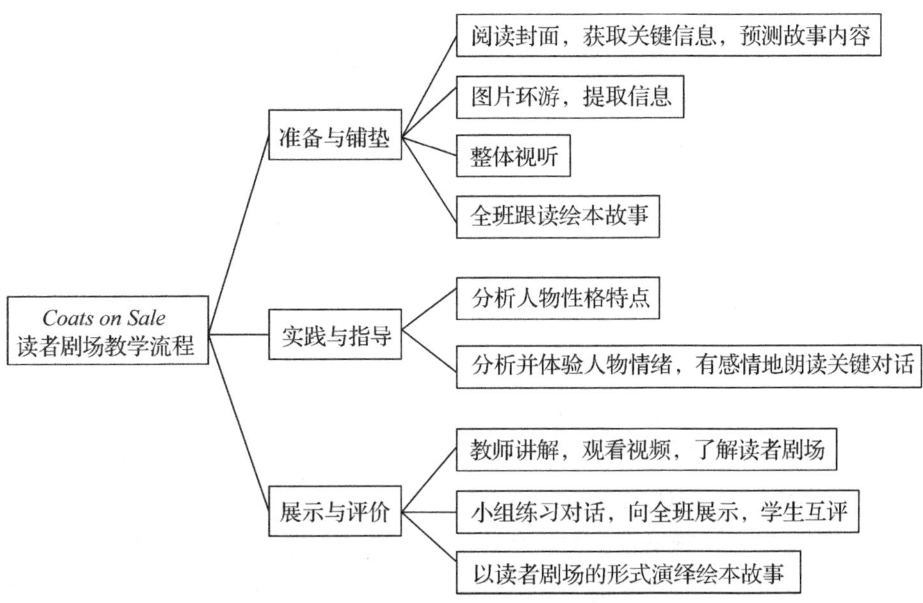

图 3-5　*Coats on Sale* 读者剧场教学流程

(一)准备与铺垫

1. 阅读封面，获取关键信息预测故事内容

教师引导学生观察绘本封面，了解书名、作者等内容，结合封面图画提供的细节信息预测故事内容。

教师提问建议：

T：What can you know from the cover?

T：What do you want to know? Do you have any questions?

2. 图片环游，提取信息

学生在教师的引导下通过图片环游学习绘本内容，提取关键信息回答问题。学生在图片环游的过程中建立图片与文字的联系，更好地理解故事。结合故事内容及教师提问，学生提取故事关键信息及语言框架，为后面的自主阅读做铺垫。

学生观察绘本中第 2—3 页的图片，听录音，在教师的指导下找出关键信息。教师提问："Who is he? /What is he doing? /What does he see?"。学生观察书中第 4 页的图片，听录音，在教师的指导下找出关键信息。教师提问："Where does Mr. Goat go? /How does he come? /Why does he come?"。学生

观察书中第 5 页的图片，听录音，在教师的指导下找出关键信息。教师提问："Does Mr. Goat get the coat? Why not?"。此处教师引导学生思考售货员应该用什么样的语气告诉 Mr. Goat "Sorry! These coats are sold out."。教师带领学生模仿 Seller A 的语气(遗憾)，告诉 Mr. Goat 衣服卖光了。学生自主阅读第 6—9 页，根据前面的阅读指导找出主要内容：Where does Mr. Goat go? How does he come? /Does he get the coat? 在教师的带领下，全班再一起共读第 6—9 页，模仿人物语音、语调，感受人物内心活动。学生观察书中第 10—12 页的图片，听录音，在教师的指导下找出关键信息。教师提问："Does Mr. Goat find the coat on sale? /Where does he find it?"。此处教师引导学生思考售货员用什么样的语气吆喝 "The last coat! The last coat!"。教师带领学生模仿 Seller D 的高亢语调。教师继续引导学生思考 Mr. Goat 此刻的心情，并模仿他用激动的语气朗读"The North Road is my lucky road!"。学生观察书中第 13—17 页的图片，听录音，在教师的指导下找出关键信息。教师提问："Does Mr. Goat get the coat? Why not?"，带领学生思考：为什么山羊先生没能买下最后一件大衣？他的钱为什么不够了呢？他把钱花在哪里了？

3. 全班跟读绘本故事

全班跟读绘本，整体感知语言，强化对语言的理解、内化。

(二)实践与指导

1. 分析人物性格特点

教师引导学生思考：山羊先生为什么没有买到大衣？我们可以怎样帮助他买到大衣呢？并鼓励学生一起给山羊先生做一张费用清单，从中发现问题，帮助学生学会在做事时要全面考虑问题，不要顾此失彼。

2. 分析并体验人物情绪，有感情地朗读关键对话

当山羊先生看到报纸上有大衣在打折的信息时，他很惊喜，还有一丝难以置信。因此学生在朗读"On Sale?"时也应该表达出这种感觉。当他四处寻觅打折的大衣时，售货员告诉他衣服卖光了，售货员应表示遗憾、抱歉，并让学生尝试用遗憾的语气朗读 "Sorry! These coats are sold out."。当山羊先生来到北路时，售货员正在大声叫卖 "The last coat! The last coat!"。此时，售货员的心情应该是非常激动的，声音是高亢的。学生尝试朗读练习。山羊先生感觉自己能在北路赶上最后一件打折的大衣非常幸运，此刻他的心情是激动、欣喜的。学生用激动的语气模仿山羊先生说出 "The North Road is my lucky road!"。最后

当山羊先生打开钱包准备付款时，发现自己的钱已经不够了，他非常惊讶，此刻学生模仿跟读“Ahhh?”。

（三）展示与评价

1. 小组练习对话，向全班展示，学生互评

全班六人一小组练习朗读绘本，一人读旁白，一人扮演山羊先生，剩下四人扮演东、南、西、北路各商店的售货员。每组学生按照自己的理解编写剧本，并进行朗读练习，随后向全班展示。展示后，全班根据表演者的语音、语调，肢体动作，朗读声音是否洪亮、是否流利等方面进行评价。

2. 以读者剧场的形式演绎绘本故事

首先，教师向学生讲解读者剧场的含义和具体的操作步骤。学生观看视频学习读者剧场的演绎形式后，每小组将自己编写的剧本进行二次修改。

其次，学生将修改后的剧本交给教师，教师帮助学生再次修改剧本，学生拿到教师修改后的剧本开始进行排练。教师针对学生演绎过程中的站位、神情、动作、语音、语调等方面参与指导。以下为其中一组学生的原始剧本：

Mr. Goat：On Sale?

Narrator：Mr. Goat goes to the coat shop on East Road.

Seller A：Sorry! These coats are sold out.

Narrator：He goes to the coat shop on West Road.

Seller B：Sorry! These coats are sold out.

Narrator：He goes to the coat shop on South Road.

Seller C：Sorry! These coats are sold out.

Narrator：He goes to the coat shop on North Road.

Seller D：The last coat! The last coat!

Mr. Goat：The North Road is my lucky road!

Mr. Goat：Ahhh?

此剧本台词细节展现不够完整，教师需要根据故事情节适当添加一些台词，以加强戏剧效果。比如开始时的背景为山羊先生在读报纸，他看到了报纸上有大衣打折的广告，因此需要旁白帮助介绍故事背景“Mr. Goat reads a paper at home”，并需要全体诵出“Coats on sale!”，强调山羊先生看到了这则消息。之后山羊先生为了寻找打折的大衣乘出租车四处奔走，这一细节也应体现出来，因为最后山羊先生的钱不够了，而这正是由于他将自己的钱花在了路费

上。最后，山羊先生发现钱不够时，引发大家思考一个问题——钱去哪里了？这时，大家可以一起问他："Where is the money?"

教师修改过剧本后，引导学生明确重点词汇和句子："On sale? Sorry! The last coat! Lucky road! Ahhh?"。之后，教师结合"On sale?"做了语音、表情及动作示范。因对话语言简单，生词较少，教师给学生预留五分钟时间进行小组活动。学生自觉认领角色，进行朗读练习。

在进行朗读练习的过程中，教师需要参与到语言程度不同的小组中进行指导。第一次练习时，发现学生在设计重点词句的朗读中，语音语调、神情动作等方面还比较生疏，存在较多问题。首先，程度中等偏下的学生注意力集中在正确认读单词和朗读句子上，没有任何情绪起伏，需要在熟读绘本的基础上再强化情绪的渲染和肢体语言的丰富。其次，多数学生因为首次接触读者剧场，害羞、肢体动作不够舒展大方、朗读声音不够洪亮等问题较普遍。最后，学生对某些重点词句的语气、动作把握不准，如学生在说出"Sorry! These coats are sold out."时，没有体现出遗憾的语气和表情。这时，教师要及时暂停小组练习，再次进行全班指导。

学生向全班同学展示自己编排的剧本，教师明确评价标准，评价维度涉及学生的参与度；朗读的清晰度与准确度；音调、重读与表现力；恰当的语速；恰当的体态语与表情；团队合作与准备；等等(Dixon，2010)。每组学生有一份评价表，从语言技能、合作交流以及创意发挥三方面进行评价。语言技能包括读音、语音和断句三方面，各 20 分。合作交流包括组内合作和与观众交流两方面，各 10 分。创意发挥包括道具使用和肢体动作两方面，各 10 分。这些都是读者剧场的评价标准。学生在练习表演时，按照此评价标准进行自我评价与改进。在全班表演时，其他小组依据此评价标准进行互评。全班表演结束后，每个小组根据自己的分数领取相应的贴画，学生们乐在其中。

六、*Coats on Sale* 剧本

<table>
<tr><td colspan="4">Coats on Sale</td></tr>
<tr><td rowspan="2">原始文本体裁</td><td rowspan="2">童话故事</td><td>角色数量</td><td>6 个</td></tr>
<tr><td>适用年龄</td><td>6—9 岁</td></tr>
<tr><td>蕴含主题</td><td>不要顾此失彼</td><td>时长</td><td>3—5 分钟</td></tr>
<tr><td>角色</td><td colspan="3">Mr. Goat，Seller A，Seller B，Seller C，Seller D，Narrator</td></tr>
<tr><td>道具</td><td colspan="3">1. 大衣一件、报纸一份、纸币 200 元、钱包一个
2. 自制出租车顶灯模型一个
3. 自制东路商店牌、西路商店牌、南路商店牌、北路商店牌
4. 人物头饰：Mr. Goat，Seller A，Seller B，Seller C，Seller D</td></tr>
<tr><td>舞台站位</td><td colspan="3">Mr. Goat　Seller A　Seller B　Seller C　Seller D　Narrator</td></tr>
<tr><td>Narrator：</td><td colspan="3">(面向山羊先生，山羊先生伸个懒腰后开始穿外套)In the morning, Mr. Goat gets dressed. He is wearing a coat.</td></tr>
<tr><td>All：</td><td colspan="3">(所有人齐唱歌谣，并做出穿外套的动作)Everybody, put your coat on, your coat on, your coat on. Everybody, put your coat on. Let's do it this way. First, put in one arm. And then put in another arm. Everybody, put your coat on. Let's go out and play.</td></tr>
<tr><td>Mr. Goat：</td><td colspan="3">(沮丧地看着自己的外套，有些失落)Oh, look, my coat is really old. (胳膊肘处有个洞)There is a hole on the elbow. (非常渴望有个新外套)It's not a joke. I really want a new coat.</td></tr>
<tr><td>Narrator：</td><td colspan="3">He is quite sad. Now, Mr. Goat has a cup of coffee and reads a paper at home.</td></tr>
<tr><td>All：</td><td colspan="3">(所有人都很兴奋，声音越来越大)Coats on sale? Coats on sale? Coats on sale. ONLY $100.</td></tr>
<tr><td>Mr. Goat：</td><td colspan="3">(手拿报纸，疑惑的表情)On Sale? Oh, what a great green coat! It looks so warm and soft.</td></tr>
</table>

续表

Narrator:	(山羊先生拿起钱包和报纸向前走几步)Mr. Goat takes the money and paper quickly and goes to the coat shop on East Road.
Mr. Goat:	(手握出租车灯牌，来到东路)Taxi! The East Road, please.
Narrator:	(很兴奋的样子)Mr. Goat is so happy and going down the road.
Seller A:	(店员招手问好)Good morning, can I help you?
Mr. Goat:	(手持报纸，问店员)Do you have this coat?
Seller A:	(手拿东路商店的牌子，遗憾的语气)Sorry! Mr. Goat. These coats are sold out. You can try other coats.
Mr. Goat:	(稍显失落)It's OK, I'll go to another shop.
All:	(全体看向山羊先生)The coats are sold out!
Narrator:	He goes to the coat shop on West Road.
Mr. Goat:	(手握出租车灯牌，来到西路)Taxi! The West Road, please.
Narrator:	Mr. Goat is a little bit sad and going down the road.
Seller B:	Welcome to Coat Shop, how can I help you?
Mr. Goat:	Yes, do you have this coat?
Seller B:	(手拿西路商店的牌子，遗憾的语气)Sorry! These coats are sold out.
All:	(全体看向山羊先生)The coats are sold out again!
Mr. Goat:	Oh, no, I hope it's not so!
Narrator:	He goes to the coat shop on South Road.
Mr. Goat:	(手握出租车灯牌，来到南路)Taxi! The South Road, please.
Seller C:	(手拿南路商店的牌子，遗憾的语气)Sorry! These coats are sold out.
All:	(全体看向山羊先生)The coats are sold out again and again!
Narrator:	He goes to the coat shop on North Road. There is always hope, he thinks.
Mr. Goat:	(手握出租车灯牌，来到北路)Taxi! The North Road, please. (很着急地跟司机说)Hurry up, don't be slow. I want my coat!
All:	Hurry up, taxi-driver! Hurry up, taxi-driver!

续表

Seller D：	（手拿北路商店的牌子，激动的语气）The last coat！ The last coat！
Mr. Goat：	（欣喜的表情，拿出钱包）The North Road is my lucky road！
Narrator：	Mr. Goat is so happy and excited.
Mr. Goat：	（非常兴奋地掏出钱包）I'm so lucky today.
Seller D：	＄100，please！
Mr. Goat：	（打开钱包，做出惊讶的表情）Ahhh？
All：	（全体看向山羊先生）Where is the money？！
Mr. Goat：	Where is my money？
All：	You had your money for taxis，poor Mr. Goat！

七、教学反思

读者剧场因兼具朗读与戏剧表演的特征而具有很强的趣味性和体验性，同时给学生提供了与阅读文本真实互动的机会，这种教学形式可以有效提升学生的课堂参与度，使课堂教学不再是教师的“独角戏”。

首先，读者剧场有利于学生自主、探究学习。为了准备读者剧场，学生需要多次练习才能流畅地展现对剧本的理解，其词汇解码能力、阅读速度、朗读表现力和韵律等朗读能力会大大提升。

其次，读者剧场能够提高学生的语言能力。学生通过编写剧本对所学绘本故事进行梳理、加工，对故事的逻辑和语言都能有更为深刻的理解，通过体验人物情感，感受人物内心活动，对语言的内化和理解有很大的帮助。

再次，读者剧场能够提高学生的团队协作能力。在编写剧本的过程中，学生需要进行小组合作，共同商议、研磨，最终确定角色、语言、情节发展等。组员之间也会互相监督、互相帮助，学生们在互动中提高了学习的积极性，增强了团结协作能力。

最后，在尝试中也发现了很多缺点和不足。在实施过程中，教师忽略了有的小组学生语言基础不均衡，在评价时这些小组的学生得分不高，稍显失落，参与不够积极。在今后的实施中，教师需要多给予这些学生支持和鼓励，多给他们展示自己的机会，让每个学生乐于参与其中，在活动中体验学习的乐趣，提升语言能力。

（授课教师：北京十二中朗悦学校　王冕）

八、专家点评

关注情感体验，促进核心素养落位

本节课是一节通过读者剧场进行拼读故事类绘本阅读教学的典型案例，体现了读者剧场教学模式在小学低年级英语教学中的强大功能和独特魅力。

首先，选择拼读类故事绘本在小学低年级英语课堂开展英语教学，既关注学生语音知识和技能的培养，又关注对学生英语阅读兴趣的激发和培养，选材符合学生的认知、兴趣和英语学习的需求。其次，在读者剧场准备环节，教师注重引导学生进行情感体验，利用语气、肢体动作和道具等，帮助学生充分理解故事中人物的关系和情感变化，在欣赏绘本故事和完成读者剧场展示过程中进行主题意义的探究，实现学科育人目标。最后，教师根据故事特点和学生的实际水平，增加故事的趣味性，对台词进行合理的设计，帮助学生充分理解故事、体验故事，更有助于学生在舞台上通过语言展示故事情节。同时，合理分配角色，关注不同程度学生的参与度，一些基础薄弱的学生之前对朗读绘本的抵触情绪很大，但通过读者剧场活动，每人只负责一个角色，朗读难度降低，学生更加乐意去完成自己的角色。

建议：由于采用的是拼读绘本故事，所以在绘本阅读理解之后，可以增加适当的语音知识和技能的训练，为今后的英语学习打好坚实的基础，这也是保持学习兴趣的关键所在。另外，读者剧场展示后的评价，如果能根据小学低年级学生的特点，设计图文并茂、更加活泼、更加关注语言的规范、舞台礼仪以及学生展示的亮点等方面，将更有助于促进学生真正学习的发生。

（北京教育学院　郄利芹）

第六节　永葆乐观精神

——单角色故事绘本 *Pete the Cat：I Love My White Shoes* 读者剧场教学

一、引言

Pete the Cat：I Love My White Shoes 这本绘本是由 Eric Litwin 编著，

James Dean 绘画的。Eric Litwin 曾经是一位老师，也是一位玩摇滚的音乐人，所以他能够把音乐、互动融入故事。2008 年，他自费出版了这本 *Pete the Cat：I Love My White Shoes*，在自己的小圈子里 10 个月卖了 7000 册，后又由哈珀·柯林斯出版社于 2010 年大量出版。该绘本因其曲折有趣的故事情节、简单夸张的语言表达、朗朗上口的歌曲和乐观向上的教育意义备受学生欢迎，符合低龄学生活泼好动、喜欢边学边唱边演的特点，适合进行读者剧场教学。

二、文本解读

(一)文本话题与主要内容

Pete the Cat：I Love My White Shoes 属于日常生活话题下的"个人穿着"的内容，作者讲述了一只小猫 Pete the Cat(下文简称皮特猫)和小白鞋的故事。皮特猫很喜欢自己的小白鞋，穿着小白鞋唱着歌走在路上。但是，由于太专注于唱歌，一路上不小心分别踩到了草莓、蓝莓、泥巴、水坑等，鞋子也被染成了不同的颜色。但不论鞋子变成了什么颜色，皮特猫都没有哭泣，而是乐观面对，一路歌唱。

(二)主题意义与教育价值

作者想通过皮特猫和小白鞋的故事告诉读者，不论遇到什么样的事情，都要乐观面对，享受当下，勇敢前行。小朋友们都有新衣服被不小心弄脏、弄坏的经历，大人们也有生活遭遇困难的时候，这个绘本故事老少皆宜，对不同年龄段的读者都有不同程度的教育意义。在实际生活中，我们还会受到周围人的评价，为了丰富绘本主题和内容，授课教师也可以在改编剧本时，增加其他猫对皮特猫的小白鞋在不同状态下的评论。

(三)体裁特征与语言特点

这是一篇记叙文，作者使用第三人称、一般过去时讲述皮特猫和小白鞋的故事。故事多使用简单句，易于学生理解。故事语言多为口语化问答型用语，如"What color did it turn his shoes? BLUE! Did Pete cry? Goodness, no!"，体现了绘本故事讲述的真实感和与读者的互动性。同时，故事融入了歌曲的元素，如"I love my white shoes, I love my white shoes, I love my white shoes"，使绘本语言朗朗上口，富有节奏和韵律。绘本中除歌曲元素反复出现外，其他部分的语言重复率也很高，易于学生理解、朗读和习得语言。

三、学情分析

授课教师将此绘本运用于北京市远郊小学二年级学生。在之前的学习中，学生已经接触过动物、衣服和颜色等相关话题的词汇，能够认识并读出“cat，white shoes，color，red，blue，brown”等，也会使用“I love…”句型表达自己的喜好。学生都有新衣服、新鞋子不小心被弄脏或被弄破的经历，所以对此绘本的话题非常熟悉，也易于理解，但衣服或鞋子弄脏之后大多数人都会心情不好甚至被家长痛骂一顿，这个绘本正好让学生从皮特猫身上学会如何乐观面对生活。

学生喜欢唱歌和表演，在平时课堂上有同伴合作对话和小组合作进行读者剧场表演的经历。他们非常喜欢使用读者剧场的形式，但在读者剧场中往往只关注表演而忽视了单词发音、语音、语气、语调及声效等细节，这些还需要教师在课上进行引导。

四、教学目标

在学习结束时，学生能够：

1. 在教师的引导下，通过图片环游、观察预测、自读等方式，了解绘本故事大意；

2. 通过图片排序和故事复述，讲述 *Pete the Cat：I Love My White Shoes* 的故事；

3. 通过读者剧场，将这个故事生动朗读和表演出来；

4. 通过小组讨论，明白乐观面对一切困难的道理。

五、教学流程

Pete the Cat：I Love My White Shoes 读者剧场教学实践活动主要分为三部分(见图 3-6)。

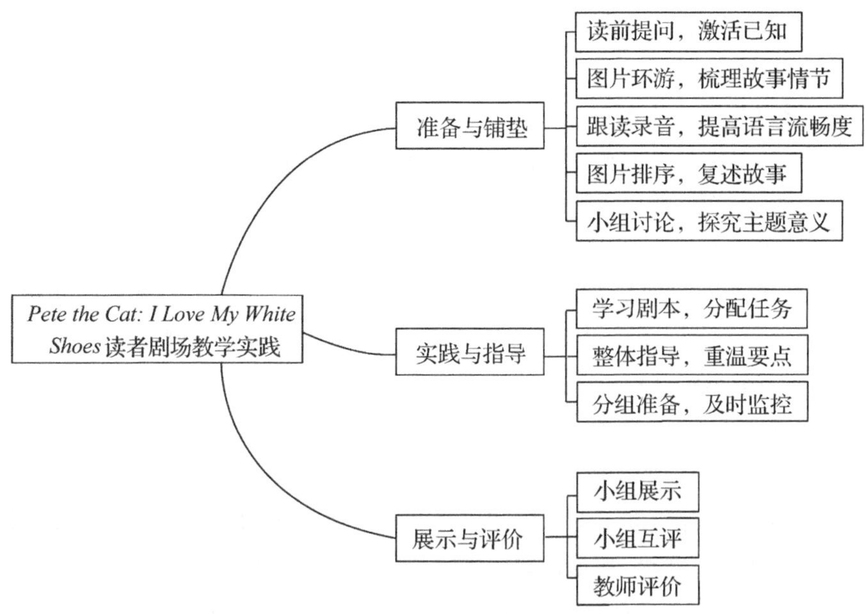

图 3-6　*Pete the Cat: I Love My White Shoes* 读者剧场教学流程

(一)准备与铺垫

教师通过问题“Do you like new shoes? How do you feel if your new shoes were dirty?”引发学生思考并导入本课话题“new shoes”。之后教师呈现我们的老朋友皮特猫，学生基于已知，对皮特猫进行描述和说明。学生基本都能说出“Pete the Cat.”“He is cool/happy.”等。然后教师展示皮特猫和它的小白鞋的图片，提出“What does Pete wear today?”“Does he love his white shoes?”“What does he step in on the street?”“How does he feel after that?”等问题，和学生一起探索和梳理故事情节的发展。皮特猫由于在路上先后踩到了草莓、蓝莓、泥巴和水坑，它的小白鞋先后变成了不同的颜色，学生也在任务单上将鞋子涂成红色、蓝色、棕色和白色等不同的颜色，体会文本问答的情感，并在各个阶段唱出皮特猫唱出的歌曲“I love my… shoes”。故事情节梳理完之后，学生听录音跟读文本，模仿录音的语音、语调。跟读之后，为了确保学生熟悉故事情节并进一步内化故事语言，教师设计了图片排序并复述故事的活动，教师在排序的图片上提供了关键词和语言支架以减轻学生复述的困难，学生以小组为单位完成。最后，教师以问题“What do you learn from this story?”组织学生进行讨论。学生的讨论主要围绕“happy”“careful”等关键词展开，基本把握了文本想传递给学生的主题意义。

(二)实践与指导

1. 学习剧本，分配任务

为了丰富故事内容和寓意，也为了更适合进行读者剧场教学实践，教师对绘本故事进行了改编。改编后的剧本分为以下六个部分：皮特猫的介绍、皮特猫的小白鞋、小白鞋变成了小红鞋、小红鞋变成了小蓝鞋、小蓝鞋又变成了小湿鞋、故事寓意。教师将改编后的剧本发给学生，让学生讨论其和原文相比有什么变化，并通过 PPT 和学生一起学习新增部分的语言。鉴于故事改编后内容较长，每个小组使用读者剧场的形式表演其中的一部分，最后组合成整个故事的读者剧场。每组拿到任务后，每个学生再自主领取朗读任务。

2. 整体指导，重温要点

当每个学生都领取了自己的朗读任务后，教师组织学生讨论“读者剧场需要关注哪些内容?”学生基本都能回答出“关注语气、语调、动作、表情”，还有学生补充“需要有个人读，也需要有一起读”。教师进一步引导：“什么时候需要一起读呢?”学生积极思考后回答：“重要的部分、好玩的部分、吃惊的部分要一起”。关于朗读，比如在朗读几个不同的“Oh，no”时，教师会引导学生思考：当你穿着新鞋踩到脏东西时，你的心情是怎样的？你会用什么语气说话？你会有什么动作？在表达“Does Pete cry?”和“Goodness，no!”的时候又是怎样的感情？这种感情在音量、语气、动作上会有什么表现呢？在每段结束的歌唱部分，故事主人公会以怎样的心情唱歌？难过的？还是开心的？教师接着呈现剧本中的个别语句“Wow，brand new white shoes!”“Does Pete cry?”“ Goodness，no!”，让学生体验如何使用不同的语气、语调表达情感，比如升调表达羡慕和疑问，降调表达坚定，再根据句子含义配合相应的语气、动作、表情进行朗读。最后，教师呈现读者剧场的评价表，让学生结合评价表进行准备练习。

3. 分组准备，及时监控

小组成员领取自己的朗读任务后就开始自主准备和排练。他们往往先熟悉自己的语言，如果有不会读或者不熟悉的就会向其他组员求助，然后根据自己朗读的语言揣摩语气、语调和相应的动作、表情。接下来就是大家一起排练，当一位学生读完后，其他人如果有更好的想法会及时提出来进行调整。小组成员共同探讨齐读的部分大家如何合作。教师在班级内巡视，听取各小组的想法，对不合理的分工做调整，鼓励内向的学生积极参与朗读，并针对学生的疑问(如“老师，读到‘cool’时，我可以用奥特曼的动作吗?”“小组之间的表演如何衔接?”等)做出解答。

(三)展示与评价

各小组10分钟准备完毕后，根据剧本内容依次上台展示。当前小组表演时，下一小组做准备，其他小组根据读者剧场评价表进行评分，并写出一个亮点和一条建议。表演结束后，小组互评。组长汇总小组成员的评分和评论，并向全班同学汇报。之后，教师做总结性评价，在本次学生的读者剧场表演中，大部分学生语言基本正确，基本能关注到语气和语调，也能在重点部分配合相应的动作和表情。但学生与学生之间的呼应不够自然，语言之间的衔接不太流畅，动作不统一或者不整齐，部分学生声音小，也有的学生几乎没有动作、表情，这些都是可以改进的地方。最后，教师继续提出问题：“舞台上，我们的位置是否可以变化?”“上场和离场的时候我们怎么做更特别?”“齐读的地方，大家的动作和表情一定要一样吗?”教师希望通过这些问题，引导学生进一步思考和改进。

六、*Pete the Cat*：*I Love My White Shoes* 读者剧场剧本

Pete the Cat：*I Love My White Shoes*			
原始文本体裁	童话故事	角色数量	6个
		适用年龄	9—15岁
蕴含主题	乐观、勇敢	时长	4—6分钟
角色	Narrator 1—6		
道具	吉他(或用纸卷成吉他状)		
舞台站位	N1　N2　N3　N4　N5　N6		
Scene 1			
All：	Hello，everyone!		

续表

Narrator 1：	Today we're going to tell a story of Pete the cat!
All：	(猫叫的声音)Pete the cat! Meow!
Narrator 2：	You may not know him.
Narrator 3：	But you gonna love him, because…
Narrator 4：	(可爱的动作)He is cute!
Narrator 5：	(酷的动作)He is cool!
Narrator 6：	(友好的动作)He is nice!
Narrator 1：	He loves singing!
All：	(用 meow 的声音齐唱) Do re mi fa so la xi.
Narrator 2：	(跳舞的动作)He loves dancing!
Narrator 3：	(不哭的动作)He never cries!
All：	(比爱心手势)We love him!
Scene 2	
Narrator 1：	(齐读，换队形，后排学生后退)One day, Pete the cat is walking down the street in his brand new white shoes. (有感情地慢读)
All：	Wow, brand new white shoes! (羡慕的语气和表情)
Narrator 2：	One cat says—
Narrator 3：	Wow, how cool! Meow!
Narrator 4：	Another cat says—
Narrator 5：	Wow, how beautiful! Meow!
Narrator 6：	Even the grumpy cat says—
Narrator 1：	Wow, wonderful shoes! Meow!
Narrator 5—6：	(笑脸的手势) Is Pete happy?
Narrator 1—2：	(笑脸的手势) Does Pete laugh?
Narrator 3—4：	(理所当然的语气和动作)Of course!
Narrator 2：	Pete loves his white shoes.

续表

Narrator 3：	Pete loves his white shoes very much.
Narrator 4：	Pete loves his white shoes very very much.
Narrator 5：	He sings this song.
All：	(弹吉他齐唱，左右摇摆)I love my white shoes，I love my white shoes. (齐读，换队形，前后排学生交换)I love my white shoes，I love my white shoes.
Scene 3	
Narrator 1：	(懊恼可惜的语气)Oh no!
Narrator 2：	Pete steps in a large pile of strawberries(尖叫)!
All：	(不敢相信的语气)Strawberries(可惜的语气＋动作)，oh my God!
Narrator 3：	What color are the shoes now?
All：	(举起手做火焰晃动的动作)Red! Red as fire!
Narrator 4：	(旁观嘲讽地说)Oops! Not new! Meow.
Narrator 5：	(旁观嘲讽地说)Aah! Not bright! Meow.
Narrator 6：	(旁观嘲讽地说)Aah! Not as white as snow! Meow.
Narrator 1—2：	(关切地询问)Is Pete sad?
Narrator 5—6：	(关切地询问)Does Pete cry?
Narrator 3—4：	(坚定的回答＋动作)Goodness，no!
Narrator 1：	Pete just says—
Narrator 5：	Red is cool! Meow.
Narrator 3：	He keeps walking along and singing his song.
All：	(弹吉他齐唱，左右摇摆)I love my red shoes，I love my red shoes. (齐唱，换队形，前后排学生交换)I love my red shoes，I love my red shoes.
Scene 4	
Narrator 1：	(懊恼的语气)Oh no!
Narrator 2：	Pete steps in a large pile of blueberries!

续表

All:	(不敢相信的语气)Blueberries?(可惜的语气+捂脸的动作)Oh heavens!
Narrator 3:	What color are the shoes now?
All:	(手指天空的动作)Blue! Blue as sky!
Narrator 4:	(旁观嘲讽地说)Oops! Not cool! Meow.
Narrator 5:	(旁观嘲讽地说)Ah! Not beautiful! Meow.
Narrator 6:	(旁观嘲讽地说)Ah! Not as red as fire! Meow.
Narrator 1—2:	(关切地询问)Is Pete sad?
Narrator 5—6:	(关切地询问)Does Pete cry?
Narrator 3—4:	(坚定的回答+动作)Goodness, no!
Narrator 1:	Pete just says—
Narrator 5:	Blue is awesome! Meow.
Narrator 3:	He keeps walking along and singing his song.
All:	(弹吉他齐唱,左右摇摆)I love my blue shoes, I love my blue shoes. (齐唱,换队形,前后排学生交换)I love my blue shoes, I love my blue shoes.
Scene 5	
Narrator 1:	(更可惜、懊恼的语气)Oh, no!
Narrator 2:	Pete steps in a large bucket of water!
All:	(不敢相信的语气)Water!(可惜的语气+甩手的动作)Oh no!
Narrator 3:	All the blue.
Narrator 4:	All the red.
All:	Are washed away.
Narrator 5:	What color are the shoes now?
All:	(甩手的动作)White, but wet!
Narrator 6:	(旁观嘲讽地说)Oops! Not dry! Meow.
Narrator 1:	(旁观嘲讽地说)Ah! Not awesome! Meow.

续表

Narrator 2：	(旁观嘲讽地说)Ah! Not as blue as sky! Meow.
Narrator 5—6：	(关切地询问)Is Pete sad?
Narrator 1—2：	(关切地询问)Does Pete cry?
Narrator 3—4：	(坚定的回答+动作)Goodness，no!
Narrator 5：	He keeps walking along and singing his song.
All：	(弹吉他齐唱，左右摇摆)I love my wet shoes，I love my wet shoes. (齐读，换队形，前后排学生交换)I love my wet shoes，I love my wet shoes.
Scene 6	
Narrator 1：	Pete's story tells us—
Narrator 4—6：	No matter what you step in.
Narrator 1—3：	No matter what others say.
All：	Keep walking along and singing your song.
Narrator 2：	Because it's all good!
All：	(学生边弹吉他边唱)Thank you. (下台齐唱)I love my white shoes. I love my white shoes.

七、教学反思

读者剧场这种英语学习形式不论是对于学生还是对于教师，都能受益匪浅。

第一，激发了学生英语学习的兴趣。低年级的学生天生对故事有强烈的兴趣，那么以朗读表演故事的方式学习英语，学生的积极性高，课堂参与度也高，学习效果比较显著。一些原本对英语没有兴趣、对表演或故事很感兴趣的学生也会积极参与到课堂中来。

第二，满足了学生上台表演的欲望。低年级的学生在别人面前表现的欲望比较强烈，很喜欢表演，也喜欢展示自己。读者剧场就给学生提供了一个在舞台上展示自己英语水平的机会，为了更好地展示，他们会更努力地准备和练习。

第三，提升了学生的朗读水平。通过读者剧场的活动，学生在朗读英语故事或课文时，都更加关注自己的语音、语调以及动作、表情了。朗读时进行了思考，也融入了感情，朗读水平有明显提升。

第四，提升了学生团结合作和互相学习的能力。读者剧场活动是小组合作进行，有分工也有合作。在排练过程中，每个学生都展现出自己独一无二的特点，学生之间互相学习、互相帮助，有的学生动作做不好，其他学生会耐心予以指导。

第五，读者剧场也促进了教师的不断学习和综合发展。读者剧场对英语教师提出更高的要求，教师首先要自己多学习读者剧场的相关文献和教学案例，不断体验和尝试适合自己学生的读者剧场教学方式。同时，在读者剧场实践过程中，教师要做好选材、编剧、导演、服饰、道具、语言指导等各种工作，甚至还需要接触一定的音乐和舞蹈知识。这也在一定程度上促进了英语教师的综合发展。

（授课教师：北京十二中朗悦学校　刘红梅）

八、专家点评

丰富剧本内容，激发课堂活力，关注学生获得

本节课是一节通过读者剧场进行故事类文本阅读教学的典型案例，体现了读者剧场教学模式在故事类文本应用中的独特魅力。

首先，教师基于低年级小学生的认知、兴趣和英语学习的程度，选取了富有曲折有趣的故事情节、简单夸张的语言表达、朗朗上口的歌曲和乐观向上的教育意义的绘本，这是绘本阅读和读者剧场活动顺利开展的前提条件。

其次，通过图片环游、跟读录音、图片排序和小组讨论等活动，帮助学生充分理解绘本、内化英语语言知识和绘本故事情节以及对绘本的主题意义进行深入探究。这些阅读活动和语言操练活动为读者剧场活动的顺利开展奠定了情感、内容和语言方面的准备。

最后，教师根据绘本故事特点及学生的实际水平，对故事进行了必要的情节和语言补充，并根据改编后剧本台词的长度，设计每个小组展示一个情节的活动，这样的设计从长度和难度方面都适合小学低年级学生的水平，同时保证了故事的完整性。另外，这种方式也督促相关联的小组认真倾听和关注上一组的读者剧场展示，促进学生合作学习能力的发展。

建议：由于绘本的故事主题贴近学生的日常生活，在绘本阅读和理解阶段，教师可以在学情调研的基础上，基于主题意义探究，让学生有机会讲述或交流自己生活中遇到过的类似情况、自己当时的心情以及皮特猫的故事对自己的启发等。另外，在读者剧场展示后的评价环节，根据小学低年级学生的特点，可以更加关注语言的规范、舞台礼仪以及学生展示的亮点等方面，进行真正为了学生发展的评价。

（北京教育学院　郄利芹）

第七节　欣赏雕塑之美

——艺术科普绘本 *Super Sculptures* 读者剧场教学

一、引言

本案例的教学内容是一个非虚构绘本，选自外语教学与研究出版社出版的《大猫英语分级阅读五级 1》，书名为 *Super Sculptures*，作者是 Tasha Pym，绘图者为 Antony Elworthy。文本主要介绍了世界上历史最悠久、最显眼、最炫酷的一些超级雕塑。作者希望通过此绘本，让读者了解世界上的一些超级雕塑，并通过细节呈现相关内容，如雕塑的形状、尺寸、所用材料、制作过程、持续时间等，引导读者学会如何描述艺术品。此外，绘本中配有高清的真实照片以及有趣、丰富的事实，帮助学生理解内容并培养学生的艺术鉴赏能力。

语篇内容新颖有趣，画面精美，使用视角独特的摄影，培养学生的审美感知，激发学生的表达欲望，读后也非常适合高年级的学生进行读者剧场的表演。语篇的文字量虽然不多，但是照片背后的内容却非常丰富，每一个独特的雕塑都有其特别的文化背景、人文特征等，为学生提供了思考和进一步学习的空间。在艺术欣赏中，学生可以获得对生活和社会的认识，因此应加深对作品的理解，由此引发学生欣赏艺术的思想感情。学习该语篇，也是一种通过艺术形象去认识客观世界的思维活动，读后的读者剧场表演让思维活动外显，让听众欣赏每个雕塑的特别之处，同时感受表演者的艺术魅力。

二、文本解读

(一)文本话题与主要内容

文本是有关“雕塑”的话题，采用描绘性文本结构，从不同角度描述了世界上的一些超级雕塑。绘本名为“Super Sculptures”，学生能够很好地理解雕塑的含义，但是何为“super”，这是教师需要引导学生在读前进行思考的问题。学生会说“the biggest，the smallest，the tallest，very important，very special，famous，the best”。教师可以请学生说一说他们的阅读期待，让学生带着疑问和期待阅读文本，在认读文字和图片的同时，学着欣赏每个雕塑的与众不同。最后梳理文本的时候再次让学生说一说对“super”的理解，引导学生进行反思和评价。绘本中出现的“小蓝人”也是一个雕塑，它仿佛是个导游，带领读者观察、了解位于不同国家的一些超级艺术品，并配以简单易懂的、生活化的语言帮助读者理解文本内容。

(二)主题意义与教育价值

艺术承载着人们对美好生活的向往，本课教学引导学生发现雕塑艺术与日常实物的不同，培养学生学会欣赏雕塑作品，能够发现艺术作品的美，了解超级雕塑的一些基本信息。鼓励学生在欣赏的过程中主动探究、有所体会、有所感想，并通过读者剧场的表演表现对艺术的理解，这种体会或表演也是一种艺术创造，能让学生感受生活的美好。

(三)体裁特征及语言特点

本文采用描绘性文本结构，从材质、形态、历史等不同角度描述了世界上的一些超级雕塑。绘本围绕六个问题(什么是雕塑？雕塑是什么形状的？雕塑的大小是多少？雕塑是用什么制成的？它是怎样做成的？雕塑能持续多久?)，选取世界上独特的九个雕塑让学生从不同角度初识雕塑艺术。句型基本上较为简单，个别长难句和生词需要学生在教师的引导下理解。

该文本也是阐释类非虚构文本，作者基于事实，以告知和描述为主要目的介绍了世界上著名的雕塑艺术品，开篇介绍话题，随后描述不同雕塑的特质、特点、制作过程等，最后进行总结陈述。

对于本课这篇以信息传递为主的非虚构类文本，教师在授课过程中需要向学生介绍非虚构类文本的文本特征。首先，文本的目录页包含七部分内容，通过阅读目录页，学生可以了解文本的基本内容并进行预测，同时目录页也可以作为复习内容，帮助学生梳理文本信息。其次，文本中出现的图片都是真实的照片，照片非常大且十分清晰，每幅照片都有说明文字，解释某一雕塑的名称、作者和制作完成的时间。文本中的关键词都用加粗表示，雕塑名称用斜体表示。最后，作者按照 26 个字母的顺序将生词罗列并为读者提供了中文解释，以方便查阅。

三、学情分析

本课的授课对象是北京市海淀区北部山后地区六年级的学生，共 31 人。五年多来，他们一直坚持阅读英文绘本。学生能够在理解绘本的基础上，正确运用相关词汇、功能句表达自己的真实想法。对于非故事文本接触较少，对于此类绘本的封面、目录和其他信息关注并不多。学生普遍没有特别关注过身边的雕塑，但是能够用英文简单介绍教科书上出现的一些著名雕塑，如自由女神像、狮身人面像等，能够说出它们的英文名称、地理位置等信息。平日里学生对于艺术品的关注并不多，特别是雕塑作品，更没有什么机会走进艺术馆或博物馆直观地观察艺术品。

学生六年级第一学期才刚刚接触读者剧场，基本上以教材的故事篇章为主，对于非故事类文本的读者剧场，学生还未曾尝试。但学生基本了解了读者剧场的大致过程、角色分工及呈现方式，希望教师给他们自由支配的时间进行读者剧场的排练，会根据自己的想法编排动作和使用道具，特别愿意将一些课外知识、学习经历融入表演中。

四、教学目标

在学习结束时，学生能够：

1. 通过认识文本特征、自由阅读、教师讲解等方式正确地理解绘本；

2. 通过思维导图及语言支撑，简述绘本内容并思考“super”在绘本中的含义；

3. 通过读者剧场，以小组合作的形式将这个绘本生动朗读和表演出来；

4. 尝试学会欣赏、发现和表达雕塑艺术的美。

五、教学流程

绘本 *Super Sculptures* 读者剧场教学实践活动主要分为三部分(见图 3-7)。

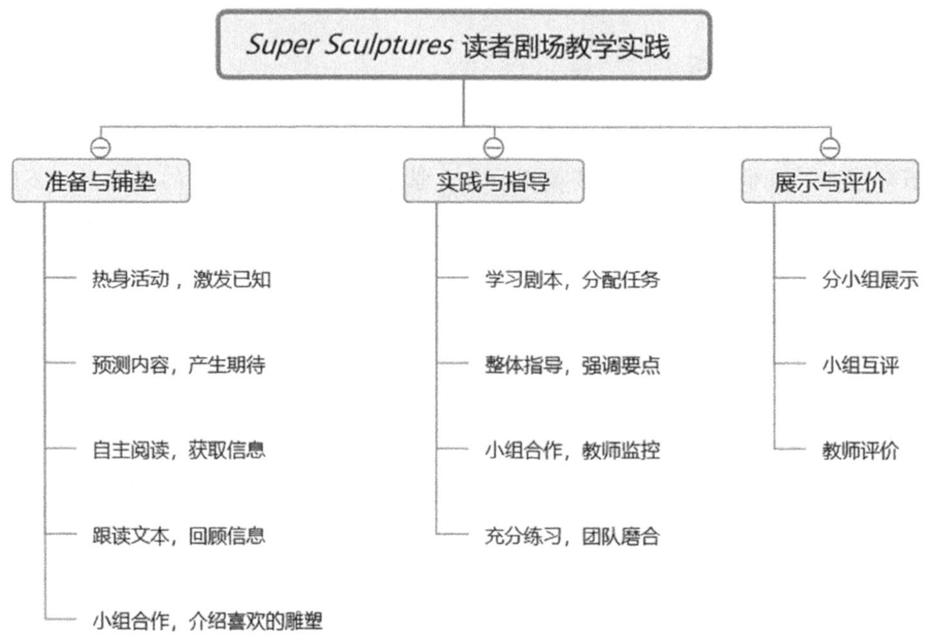

图 3-7 *Super Sculptures* 读者剧场教学流程

(一)准备与铺垫

1. 热身活动，激发已知

通过身体搭建不同的雕塑，从学生喜欢的游戏导入，调动学生的学习热情。教师首先创设情境，“Today we will see many artworks in the world. What are they? Please listen and make them out.”，然后依次说出单词，如“A house/A king and a queen/A coffee cup/Statue of Liberty/A bridge”，学生2—3人一组摆出造型。

2. 预测内容，产生期待

教师就热身活动总结并出示这些造型的真实图片，鼓励学生说出本课的主题“What can we call the artworks?”。教师板书“Sculptures”。教师出示绘本封面，引导学生关注题目、作者和绘图者，通过封面预测学习内容，请学生使用“I see…I think…I wonder…”方法观察封面，说一说想了解的内容。教师重点强调封面的“小蓝人”，鼓励学生给它起个名字，“Oh, look at him. Who is he? Can you give a name for him? Which one do you prefer?”。学生协商后决定给它起名为“Little Blue”。之后教师向学生介绍今天的主要学习任务，“Today he is going to show some super sculptures to us. Let’s follow him to have a great trip!”。

3. 自主阅读，获取信息

通过目录页关注文本的主要内容并提炼关键信息。学生第一次自主阅读的主要任务是找到绘本中雕塑的名称；关注 WEEE Man 雕塑，鼓励学生课后展开更深入的阅读。在第一遍自主阅读，找出所有雕塑的名称，核对答案时，引导学生关注图片的说明文字，用斜体表示。(The name is printed in italics, and the letters are slant to the right.)第二次自主阅读，阅读绘本第 4—11 页，关注以下问题：“What shape is Spiral Jetty? What size is Statue of Liberty? What’s the Object/WEEE Man made from?”。教师核对答案过程中引发学生思考“Why did the artist make WEEE Man?”，并观看相关视频。第三次自主阅读第 12—17 页，和同伴思考问题“What is this sculpture made of?”。对于长句，教师提供视频及图片进行解释说明，如“The Pont Neuf is a bridge in Paris. This bridge was wrapped by cloth.”。第四次共同阅读第 18—21 页，关注问题“How long do the sculptures last?”。

4. 跟读文本，回顾信息

跟读全文，借助书后的思维导图和板书梳理绘本内容，简单复述绘本，也可以借助目录页进行复述。同时，思考“super”的含义，深度挖掘文本内涵，“超级雕塑”为什么“超级”？哪些特质能凸显它们的“超级”？学生的回答可以不尽相同，如“A sculpture is a work of art. A sculpture can be any shape. A sculpture can be any size. A sculpture can be made of any material. A sculpture can be made in lots of different ways. Some sculptures last for a long time. Some sculptures last for a short time. There are many super sculptures in the world. They are special, different, amazing and incredible.”。

5. 小组合作，介绍喜欢的雕塑

小组合作，对喜欢的雕塑进行简单的“身体搭建”，介绍该雕塑的特质和相关信息，并简单叙述喜欢的原因，为后续读者剧场的排演做铺垫。学生的回答可以不尽相同，如“A sculpture is a work of art. A sculpture can be any size. This one is 93 meters tall and it is very huge. It is called Statue of Liberty. It’s a famous sculpture in New York. New York is a big city in the USA. Statue of

Liberty was a gift from France. She holds a tablet in her left hand and a torch in her right hand. We like it very much, and we would like to visit it in future.”。

(二)实践与指导

绘本为以传递信息为主的非虚构类文本，为了丰富文本内容，增加趣味性，将绘本内容生动形象地表现出来，教师对文本进行了改编，结合问题链的设计、相关背景知识对文本进行了扩充。由于绘本选自课外，且语言并不简单，教师在扩充内容时要注意兼顾不同程度的学生，同时需要注意将绘本内容与教材建立联系，让学生能够在熟悉的语境下进行愉快、放松的排练，也可以将新旧知识进行关联，提高学生学习的自信。

教师改编非虚构类绘本的剧本时，还要注意信息的准确性，不能误导学生。可考虑适当加入韵文，让整个剧本读起来朗朗上口，避免枯燥乏味。结合文本特点，教师尝试凸显主人公“小蓝人”这一角色，以“小蓝人”为主角引领“演员”开展一次“雕像艺术欣赏之旅”，同时增设“艺术家”这一角色，介绍这些炫酷雕塑的特别之处，使每个角色的话语量基本持平，也保证了演出的观赏性和趣味性。绘本的照片都是真实的，教师鼓励学生在排演时尝试用身体摆出雕塑造型，让文本和图片形象化，增加“观众”对雕塑作品的理解。在剧本最后设计留白，学生可以自己进行设计，充分发挥自己的想象力，释放自己的表达欲。

1. 了解角色，通读全文，齐读剧本的关键内容

首先，教师将剧本分发到每位学生手中，先请学生读出剧本的主要人物：小蓝人、艺术家、旁白和学生，随后教师简单解释增设角色的理由。接着，学生可以试着朗读全文，将生词或发音不确定的单词标记出来。随后教师强调需要重点朗读和齐读的地方。如开篇需要齐读“Super sculptures in the world!”，学生可以大声、大胆、表情夸张地读出“super”，它是整个剧本的关键词，需要学生非常自信地朗读出来；在介绍 WEEE man 时，教师将“WEEE”的发音故意拉长，留给学生想象 WEEE man 的形象的时间，也强调它区别于传统雕塑，更希望人们能够减少电子垃圾，保护我们赖以生存的地球。后面的小韵文正是在呼吁大家保护环境，可以重点让学生进行朗读，此处需要学生清晰和准确地表达，保持正常的语速。再然后，教师针对个别单词的发音给予纠正，如“spiral”“concrete”等。最后，教师引导学生对个别难点进行再认识。在介绍

HOUSE这个雕塑的时候，着重强调学生的动作，因为原文中的“This sculpture was made by filling a real house with concrete and then taking the roof and walls away.”学生理解起来确实有困难，可能在绘本学习时并没有完全理解该雕塑的制作过程，教师可以在此处鼓励学生在稍后的小组排练中进行讨论，并进行排练，帮助组员理解该句的真正含义。

2. 教师示范朗读

为了确保学生能流畅地阅读，教师还要在演练开始前进行朗读示范，让学生了解何谓正确、流利、有感情地朗读，个别单词的发音可以再提醒，需要连读的地方也可以标注出来。教师可以从剧本中选一个句子，先慢慢阅读，然后快速读，或者先小声地朗读，然后大声地读。主要是通过此方法引导学生注意朗读的方式是可以影响意义传达的。如朗读有关自由女神像的这段文字：

It's Statue of Liberty! It's Statue of Liberty!

The most popular sculpture in the US.

A worthy-to-visit one!

You can have fun!

此处有连读，如“Statue of”之间的连读；有重读，如“most popular”。当读到最后两句的时候，可以放开声音，大声朗读。

3. 小组合作，教师进行监控与指导

在教师带领学生朗读完毕后，学生自主朗读一遍，然后教师组织学生扮演剧本中的角色，学生可以自愿选择自己的角色。如果有的学生不愿意朗读或是水平有所欠缺，可以为他们安排读者剧场中的其他次要角色，如台词较少且较简单的学生A或学生B。接着学生在剧本上标记出自己的角色，注明分工，并配以不同颜色进行强化。在学生排练的过程中，教师随时在班级中巡视，根据学生的排练情况及时监控，并给予相应的指导。特别是学困生，教师要给予更多的关注，比如他们是否能够参与小组活动，是否获得了自己喜欢或稍有挑战的角色，是否能够融入角色，教师需要给予他们更多的鼓励。

4. 小组内成员不断磨合，磨炼演技

教师为学生提供充足的练习时间，以保证他们在演出中能够流畅、自然地呈现剧本内容。对于不同个性的学生，教师要鼓励其发挥自己的特长，对喜欢的部分进行夸张、幽默的表演。在此期间，教师进行巡视，对学生的努力和成就表示赞赏，鼓励学习困难的学生大胆朗读。

5. 剧本留白，提供自由表达的机会

教师鼓励每组学生说一说自己喜欢的雕塑，或是以小组为单位共同描述一个喜欢的雕塑并说明理由，摆出造型。

(三)展示与评价

学生在小组排练后进行课堂展示。在展示前，教师与学生一起回顾读者剧场评价表，包括三个维度，分别是语言技能、合作交流与发挥创造。学生以组为单位走到教室前面，教师在白板上布置出舞台背景，学生将台词放到谱架上，手持相应的道具，按照站位站好。班级中一组展示完成后，其他小组分别根据评价表给出改进的建议。能力强的学生还可以鼓励其带领小组成员进行剧本的创编，介绍自己喜欢的雕塑并进行读者剧场的展示。此外，学生可以为其他班级或低年级的同学表演，还可以在学校的艺术节或毕业典礼上为父母表演或者以直播或录制视频的方式让更多的家人朋友看到自己的表演。

六、*Super Sculptures* 读者剧场剧本

<table>
<tr><td colspan="4">Super Sculptures</td></tr>
<tr><td rowspan="2">原始文本体裁</td><td rowspan="2">科普类</td><td>角色数量</td><td>4—5 个</td></tr>
<tr><td>适用年龄</td><td>11—12 岁</td></tr>
<tr><td>蕴含主题</td><td>艺术鉴赏</td><td>时长</td><td>3—4 分钟</td></tr>
<tr><td>角色</td><td colspan="3">Narrator, Little Blue, The Artist, Student 1 & Student 2</td></tr>
<tr><td>道具</td><td colspan="3">绘本(用于展示雕塑的照片)</td></tr>
<tr><td>舞台站位</td><td colspan="3">Narrator　The Artist　Little Blue　Student 1　Student 2</td></tr>
<tr><td>Narrator:</td><td colspan="3">(跟观众打招呼)Hello, everyone, today we will show you some—</td></tr>
<tr><td>All:</td><td colspan="3">(按照自己的理解摆出“super”的造型)Super sculptures in the world!</td></tr>
<tr><td>The Artist:</td><td colspan="3">(艺术节马上到来，正忙着做出一个雕塑，以艺术家的口吻慢慢地介绍)
Hello, boys and girls, I'm an artist, I am making a sculpture now.</td></tr>
</table>

续表

Student 1:	(困惑的表情)What is a sculpture?
The Artist:	(一只手扶着小蓝人，边做雕塑边说，清楚地表达)A sculpture is a work of art. It's something made by a person. Now my sculpture is done!(两手上方摊开，隆重介绍自己制作的雕塑，其他人给出高光动作)Its name is Little Blue.
Little Blue:	(很开心地介绍自己)Hi, everyone, Look at me, I'm a sculpture, Little Blue.
Chorus:	(侧头看向小蓝人，打招呼；小蓝人绅士地鞠躬向大家表示问候)Hello, Little Blue, you're so cute!
Narrator:	(看向大家)Yes, he is. And sculptures can be any shape and any size.
Student 1:	(困惑的表情)What shape is a sculpture?
The Artist:	(做出螺旋状的手势)A sculpture can be any shape. This one has a spiral shape.
All:	(做出螺旋状的手势)A spiral shape!
Little Blue:	(螺旋状延伸到远处)Yeah, it spirals out into the sea!
Chorus:	(做出贝壳的手势)It looks like a big seashell I can see!
Student 2:	(困惑的表情)What size is a sculpture?
The Artist:	(身体向上延展，比画出很高的样子)A sculpture can be any size. This one is 93 meters tall.
All:	(惊讶的表情)93 meters tall! Wow, it is really tall!
Little Blue:	(学生 1 摆出自由女神的造型)This famous sculpture is in New York!
Chorus:	(其他学生半蹲下，仰视学生 1) It's Statue of Liberty! It's Statue of Liberty! The most popular sculpture in the US. A worthy-to-visit one! You can have fun!
Narrator:	(指着学生 1 的左右手，进行介绍)It was a huge gift from France. A torch is in her right hand, a tablet is in her left hand and it reads: July 4th, 1776.
Student 1:	(困惑的表情)What is a sculpture made from?

续表

The Artist:	（自然地伸出右手）A sculpture can be made from any material.
Little Blue:	（双手合十，仿佛是在抚摸动物的皮毛）This one is made from fur, the thick hair of the animals.
All:	（很惊讶的表情）It is made from fur? （双手合十，仿佛是在抚摸动物的皮毛） It's so soft and special, I am sure!
Student 2:	（踮起脚，双手举高）How about this giant man?
Narrator:	（做扔出物品的动作）It was made from the electrical junk that people throw away.
Little Blue:	（做从废旧物品中找东西的动作）What can I make from this lot? There are many old washing machines, TVs, and mobile phones.
The Artist:	（重点突出"WEEE Man"的发音，右手轻拍自己的头）The man is called—
All:	（模仿雕塑）WEEE Man!
Narrator:	He can't walk or talk, but he reminds us:
All:	（双手比心）Love the earth on which you stand. （双手胸前摊开）Keep it green, our beautiful land. （双手比心）Love the earth, the sky and seas. （双手胸前环抱自己）Cherish and protect them for ever please.
Student 1:	（困惑的表情）How is a sculpture made?
Narrator:	（自然地伸出右手）A sculpture can be made in lots of different ways.
The Artist:	（演示制作的过程）This sculpture was made by filling a real house with concrete and then taking the roof and walls away.
Little Blue:	（再次演示如何制作）Just like this!
Narrator:	（自然地伸出右手）This sculpture was made from bronze.
Student 2:	（做出点赞的动作）This bridge looks so great! It's golden.
Little Blue:	（吃惊的表情）It looks like a big present!
The Artist:	（很镇定地表达，突出"new"）Some sculptures help you to look at things in a new way.

续表

Narrator:	(四人合作，搭起“一座桥”)The Pont Neuf, a famous bridge in Paris. It is very old, but now is made by wrapping a bridge up in cloth.
Chorus:	(四人合作，搭起“一座桥”，面带微笑，旁白伸出双手，做出高光效果) It's called the Pont Neuf Wrapped. A shinning bridge!
Narrator:	(右臂向远处伸展)Some sculptures last for a long time. This one is in E-gypt.
Little Blue:	(右臂向远处伸展)It's thousands of years old.
Student 1&2:	(疑惑的表情)Do some sculptures last for a short time?
The Artist:	(点头)Yes, see this one. The hotel is made from ice.
Narrator:	(右手先落下，再抬高)Every spring, it melts, and every winter, a new hotel is made.
Little Blue:	(浑身发抖，俯身、鞠躬，做出欢迎的动作)Brrrr! Welcome to the first ice hotel in the world. (摆手)Good night! Have a nice and cool dream!
Narrator:	(此时，学生可以自由发挥)Which super sculpture do you like best? Why?
Student 1:	I like… because…
Student 2:	My favorite one is… because…
The Artist:	I like… because…
Little Blue:	My favorite one is… because…
All:	Thank you for watching! Bye bye!

七、教学反思

本课教学内容选自外研社《大猫英语分级阅读五级 1》*Super Sculptures*，该书为以艺术为主题的非虚构类绘本。作为教材的补充内容，该文本能够很好地激发毕业班学生的学习积极性；文本涉及了人文、地理、科学等不同方面，能很好地巩固、拓展学生的背景知识。背景知识越丰富，学生越能发展触类旁通的理解力，学习能力也越强，也越有助于学生兴趣和智能的发掘，促进以后的学习。

本节课教师尝试使用读者剧场这一艺术表现形式帮助学生输出语言，深受学生喜爱。本课的阅读语篇难度适中，部分长句、难句学生不可能马上理解，读者剧场为学生提供了一个对新知再认识、再理解的过程。以往教师喜欢通过完成阅读题目考查学生是否真正理解原文，其实通过读者剧场的表演也可以帮助学生理解文本、内化知识。此外，高年级的学生正处于青春期，往往不愿表露内心的真实感受，读者剧场为他们提供了相对宽松、自在、安全的学习环境，学生之间的交流更加促进了其对文本的理解，也让学生通过读者剧场了解自己，获得生活体验，学习做人的品质。

（授课教师：北京市海淀区和平小学　尹彧）

八、专家点评

非虚构类文本也能玩转读者剧场

这是一堂在小学六年级非虚构类文本绘本课中应用读者剧场的成功课例，授课教师充分发挥了读者剧场这种强有力工具在非虚构类绘本教学中的优势，极大地促进了学生对于这类没有故事情节的文本的阅读和表演兴趣。

从教学设计和实施来看，授课文本话题(艺术；雕塑)学生较为陌生，但作为教材的补充内容，对于六年级的学生来说还是很有学习价值的。在教学中，教师首先分析了文本的教育价值(学会欣赏雕塑作品，发现雕塑作品的美)，这非常符合学生的需求。其次，文本句型基本上较为简单，个别长难句和生词学生在教师的引导下可以理解。文本本身不具有趣味性和表演性，因此教师对剧本进行了大胆的修改，加入了大量的动作和情绪，极大地提高了读者剧场的互动性和表演性，达成了教学目标中提升学生语言水平以及培养学生美育素养的目标。教学过程完整而合理，从准备与铺垫，到实践与指导，再到展示与评价，是一个完整的学习的过程。学生在教师的一步步指导下，通过理解文本、感受教育主题、熟悉读者剧场剧本、展示评价等步骤，逐步达到本课的教学目标。从教学评价的角度来看，教师提出了明确的评价标准，并在实施过程中有明确的指示，使学生非常清晰地知道自己的学习进程以及不足。

建议：因为本节课授课对象是 6 年级的学生，他们已经初步具备英语写作能力，因此在教学过程中教师可以在读者剧场剧本的撰写方面逐步培训学生，以提高学生的想象力、创造力以及英语写作能力。

（北京教育学院　柯丹）

第四章　中学英语读者剧场教学案例解读

第一节　养成良好习惯

——教材会话 *School Things* 读者剧场教学

一、引言

本案例会话语篇的文本选自北师大版初中英语七年级上册 Unit 2 Lesson 4 School Things，本单元的主题为“School Life”，主题语境为“人与自我”主题下的“学校生活”。文本讲述了一个男孩上学前与父亲的一段对话。选择该文本作为读者剧场的剧本素材原因如下：该文本难度适中，学生能熟悉 90%以上的词汇；文本为对话语篇，语篇中已有 Jiaming 和他的父亲这两个角色，便于学生根据对话内容改编剧本，设定情境，进而确定新的角色；除此之外，语篇内容与学生校园生活息息相关，学生较为感兴趣，而且所用的道具在身边即可找到。基于上述原因，教师选择该语篇进行读者剧场教学实践。

二、文本解读

(一)文本话题与主要内容

文本为北师大版初中英语七年级上册第二单元第四课，本单元的标题为“School Life”，学生对于这个话题既熟悉也比较感兴趣。作为一篇阅读语篇，文本讲述了 Jiaming 在上学前与父亲的一段对话。对话内容由父亲的三个问题串联，第一个问题是询问儿子是否为上课做好准备，第二个问题是书包里都有哪些物品，第三个问题是明天都有什么课程。儿子在父亲问题的引导下，将需要的学习用品进行调换。

(二)主题意义与教育价值

文本通过 Jiaming 父子的对话，旨在教育学生上学前要准备好自己的学习用品，引导学生要养成课前做好充分准备的好习惯。

(三)体裁特征与语言特点

文本讲述上学前父子的一段对话。对话通过父亲的三个问题展开，通过儿子一一回答，读者能够体会到上学前根据课程表准备学习用品的重要性。文章多处使用了“have/has”的肯定句、否定句、特殊疑问句，这阐述出儿子的课表情况与他的物品准备情况。文本中主要涉及的词汇为学科词汇与学习用品词汇，如“Chinese，math，pencil case，science book”等，学生对于这些词汇较为熟悉，方便学生后续开展读者剧场表演活动。

三、学情分析

本课的授课对象是北京市远郊区七年级的学生，共 30 人。学生对“学校生活”的话题熟悉；学生在七年级上册“Get Ready”部分已学习过学科和大部分学习用品的词汇，如“book，dictionary，exercise book，pen，pencil，schoolbag”等。相对于常规跟读、朗读，学生更喜欢读者剧场这一生动有趣的表演形式，班级中程度较好的学生能够就地取材，改编课文文本。在“Get Ready”与第一单元的学习中，学生已经尝试过基于课文文本进行改编，并以小组合作的形式开展读者剧场的表演，但是对于台词文本的语音、语气、语调等关注不足，需要教师进一步引导。

四、教学目标

本次会话语篇运用读者剧场开展教学实践分为两个课时，对应的教学目标为：

第一课时：通过读前活动，学生能够正确认读关于学习用品的词汇，如“schoolbag，Chinese book，pencil case，notebook，dictionary，exercise book，pen，pencil”，同时学习新的词汇“notebook，pencil case，heavy”等，并初步运用这些词汇和“have”句型。

通过阅读对话，获取、梳理 Jiaming 整理书包的信息，判断 Jiaming 能否成为“整理书包小达人”。通过调查活动，学生能够使用目标语言对自己和同学的学习用品准备情况进行问答，并对调查情况进行汇报。通过发散思维的讨论，学生提炼出课前准备学习用品的方法，增强整理书包、课前做好准备的意识。

第二课时：通过小组合作，改编教材文本，开展读者剧场表演，提升学生的阅读流利度与阅读自信。

五、教学流程

本次 *School Things* 读者剧场教学实践活动主要分为准备与铺垫、实践与指导、展示与评价三个部分(见图 4-1)。

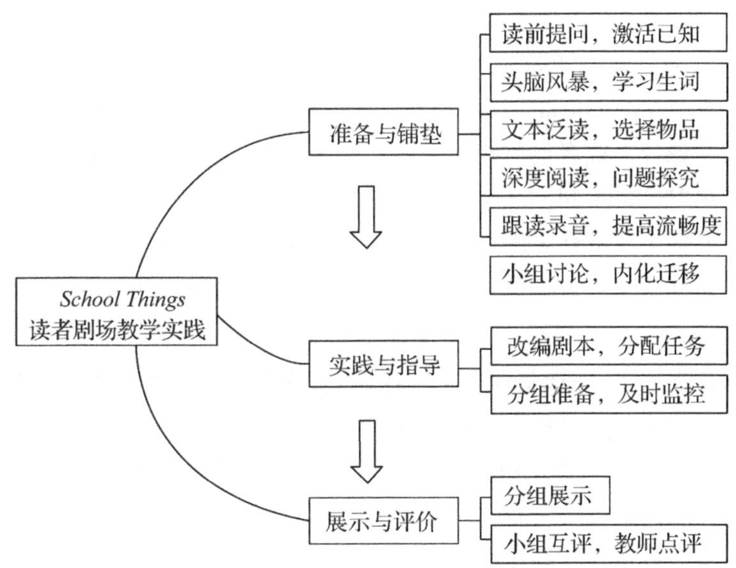

图 4-1　*School Things* 读者剧场教学流程

(一)准备与铺垫

1. 通过谜语与头脑风暴，引入话题并激活已知词汇

上课伊始，教师为学生呈现了一则谜语，引入了“书包”的话题，接着教师通过提问“What school things do you have ?”，让学生开展头脑风暴，说出与学习用品相关的词汇，教师同时在板书上呈现这些词汇，这一安排旨在让学生复习已知词汇和学习新词汇。随后，教师创设了“评选整理书包小达人”的情境，引导学生开始文本阅读。

2. 阅读并获取语篇中的重点信息

(1)阅读对话语篇，获取 Jiaming 与父亲谈话前后书包里物品的信息

教师引导学生通读文本，并通过提问“What does Jiaming have in his school before/after he talked to his dad?”，引导学生自主阅读并获取 Jiaming 与父亲谈话前后书包里物品的信息，学生能够关注到在与父亲谈话后，Jiaming 书包里的物品发生了变化。

(2)阅读并小组讨论 Jiaming 是否为整理书包小达人并说明原因

教师通过提问“Is Jiaming a Schoolbag Talent?”，引导学生通过小组讨论的方式讨论 Jiaming 是否算整理书包小达人，学生能够根据从文本中获取的信息进行分析判断。教师再次追问“Why does Jiaming take the wrong books and can you give him some advice?”，学生能够说出 Jiaming 拿错书的原因有可能是他没有关注课程表或者他起晚了匆匆忙忙拿错书；在为 Jiaming 提建议时，学生能够说出“He should check the schedule before going to school. ”等。这一安排旨在培养学生发散性思维，并逐渐形成课前做好充足准备的意识和习惯。然后，教师引导学生通过模仿和跟读，加深对文本内容的理解，内化文本语言。

3. 创设情境，迁移运用文本语言

教师再次引出“评选整理书包小达人”的情境，引导学生通过问卷调查的方式，根据课程表与自己所带的物品来自评，评价自己是否为整理书包小达人。自评后，学生随机采访班级中的三名学生，根据评价表对他人进行评价。最后，学生在教师提供的语言支撑下进行汇报。这一安排旨在让学生通过小组问答活动，将目标语言迁移运用到自己的实际生活中。

(二)实践与指导

1. 小组合作改编剧本

在学生内化文本语言并迁移运用后，教师引导学生通过小组合作的形式，开展读者剧场表演。但是由于文本语篇较短，只有两个角色，所以教师建议学生合作改编文本语篇，进行剧本的创造。在改编文本前，教师提示学生可以在课文原有情境中适当增加新的角色。学生 5 人一组，进行创编。图 4-2 为学生创编的剧本，可以看出，学生在原对话的基础上，又增加了三个角色，即 schoolbag，English dictionary 以及 history book，学生通过充分发挥想象力与创造力，让书包、英语词典和历史书这些本身不会说话的物品开口说话，让剧本变得更加生动活泼起来。

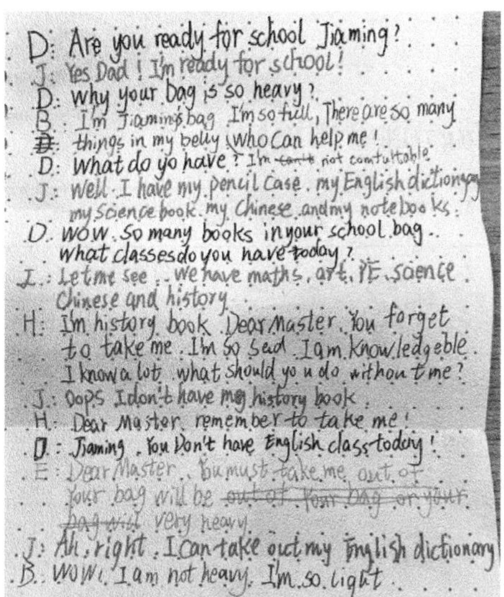

D: Are you ready for school Jiaming?
J: Yes Dad! I'm ready for school!
D: why your bag is so heavy?
B: I'm Jiaming's bag. I'm so full, There are so many things in my belly, who can help me!
D: What do yo have? I'm not comfortable
J: Well. I have my pencil case. my English dictionary, my science book. my Chinese and my notebooks.
D: wow. So many books in your school bag. what classes do you have today?
J: Let me see.. We have maths, art, PE, science Chinese and history.
H: I'm history book. Dear Master. You forget to take me. I'm so sad. I am knowledgeble. I know a lot. what should you do without me?
J: Oops I don't have my history book.
H: Dear Master, remember to take me!
D: Jiaming. You Don't have English class today!
E: Dear Master.. You must take me out of your bag will be very heavy.
J: Ah, right. I can take out my English dictionary
B: WOW. I am not heavy. I'm so light.

图 4-2　学生创编的剧本文稿

2. 学生自主排练，教师及时监控

在编写完台词后，学生在组内自主开展排练，组内基础较好的学生示范朗读，其他学生跟读。学生根据自身的水平认领角色，在台词本上注明分工，并配以不同颜色强化。在学生排练的过程中，教师随时在班级中巡视，根据学生的排练情况及时监控，并给予相应的指导。学生在排练的过程中，教师发现了以下问题：学生往往更多地关注朗读的准确度，而对于自己的语调、表情关注不够并且缺乏肢体语言。例如在 Jiaming 说“Let me see. We have math，art，PE，science，Chinese and history.”这句时，学生开始只是站在那里，并无任何肢体动作，在教师的提示下，学生能增加边看课程表边表达这一动作。

(三)展示与评价

在小组内排练后，学生进行课堂表演展示。在展示前，教师在白板上出示之前与学生一同协商的读者剧场评价标准，评价标准主要包含三个维度，分别是语言技能、合作交流与发挥创造。学生以组为单位，拿着道具(书包、书等)按照站位站好，由于台词相对简单，部分学生可以脱稿展示。班级中一组展示完成后，其他小组分别根据读者剧场评价标准给出改进的建议。

六、*School Things* 读者剧场剧本

<table>
<tr><td colspan="4">School Things</td></tr>
<tr><td rowspan="2">原始文本体裁</td><td rowspan="2">对话</td><td>角色数量</td><td>5 个</td></tr>
<tr><td>适用年龄</td><td>12—14 岁</td></tr>
<tr><td>蕴含主题</td><td>充分准备好学习用品</td><td>时长</td><td>2—3 分钟</td></tr>
<tr><td>角色</td><td colspan="3">Jiaming，Dad，Schoolbag，History book，English dictionary</td></tr>
<tr><td>道具</td><td colspan="3">书包、课本若干</td></tr>
<tr><td>舞台站位</td><td colspan="3">Schoolbag
Jiaming
Dad
History book
English dictionary</td></tr>
<tr><td>Dad：</td><td colspan="3">(看着 Jiaming，耐心询问)Are you ready for school，Jiaming?</td></tr>
<tr><td>Jiaming：</td><td colspan="3">Yes，dad. I am ready for school.</td></tr>
<tr><td>Dad：</td><td colspan="3">(用手掂量 Jiaming 的书包，表现出很沉的样子)Okay，let me see your school bag. Your bag is so heavy.</td></tr>
<tr><td>Bag：</td><td colspan="3">(表现出自己的肚子很大，说“so”的时候加强语气) I am Jiaming’s school bag. I am so full! There are so many things in my belly and I am not comfortable! (求助的语气)Who can help me?</td></tr>
<tr><td>Dad：</td><td colspan="3">(看着 Jiaming，耐心询问)What do you have in your bag?</td></tr>
<tr><td>Jiaming：</td><td colspan="3">(边说边从书包里拿出相应的课本)I have my pencil case，my English dictionary，my science book，my Chinese book and my notebook.</td></tr>
<tr><td>Dad：</td><td colspan="3">What class do you have today?</td></tr>
<tr><td>Jiaming：</td><td colspan="3">(拿出课程表边看边说)Let me see. We have math，art，PE，science，Chinese and history.</td></tr>
<tr><td>History Book：</td><td colspan="3">(说“sad”时语气很伤心)I am the History book. Dear master，I am so sad because you forgot to take me! I am very knowledgeable. (疑问的语气) What should you do without me?</td></tr>
<tr><td>Jiaming：</td><td colspan="3">(手摸头，犯了错误的语气)Oops! I don’t have my history book.</td></tr>
</table>

续表

History Book：	（看向 Jiaming，祈求的语气）Dear master，remember to take me!
Dad：	You don't have English class today.
English Dictionary	I'm the English dictionary. Dear master，you must take me out of your bag or your bag will be very heavy.（看向 Jiaming，重读"very"）
Jiaming：	（开心地说，从书包里拿出英语词典）All right! I can take out my English dictionary.
Dad：	So，（朝 Jiaming 挥手）now you can take your schoolbag to school. Have a nice day!
Jiaming：	Goodbye，Dad.
Dad：	Goodbye.

七、教学反思

在本节课结束后，教师惊喜地发现学生非常喜欢读者剧场这一表演形式，学生在谈学习收获中提到"可以促进口语熟练度、熟悉课文内容、加深文章理解、烘托课堂气氛"，还有的学生提到"增加了同学间的合作，增进了友谊与表达自信"。学生都非常支持读者剧场这一课堂表演形式。读者剧场作为一种新的朗读模式，不仅可以提升学生的口语朗读能力，促进他们在知、情、意方面的发展，引导其自我展示与演绎文本内容，还可以促进他们的社会性发展，丰富其美感体验。学生在这个过程中，通过自主改编绘本、分配角色并演绎读者剧场，极大地发挥了自身的创造性，加强了学生与文本的深层次互动，学生的团队协作能力与口语表达能力也得到了充分发展。与此同时，教师也深刻地感悟到应用读者剧场促进学生发展不是一蹴而就的事，对于学生能力的培养不能仅仅停留在某几个课时中，教师应该长期坚持，在每次教学实践后及时反思收获与不足，并且不断调整与改进。

（授课教师：北京十二中朗悦学校　蔡夏）

八、专家点评

以单元主题意义促进读者剧场教学效果升级

第一，单元主题意义让读者剧场创编与学生生活实际紧密结合。本篇读者剧场教学素材选自教材对话语篇，授课教师能够就地取材，引导学生改编英语课本文本。在指导学生改编课文文本时，教师始终围绕“好习惯早养成，我会整理我书包”这一单元主题意义进行探究，在确定好读者剧场的文本后，教师能够在第一课时引导学生探究并理解文本蕴含的主题意义，即让学生感悟到上学前要准备好自己的学习用品。

第二，单元主题意义让读者剧场创编与学生自主改进紧密结合。教师在第二课时改编读者剧场剧本时，引导学生在基于原有文本的基础上，适当增加角色和台词，剧本改编由学生分组自主完成。在读者剧场的实施过程中，教师从准备与铺垫、实践与指导、展示与评价三部分，引导学生先进行文本的阅读理解与语言准备，进而开展剧本改编、角色分工和排练，教师进行及时监控和指导。

第三，单元主题意义让读者剧场创编与学生高级思维培养紧密结合。教师关注学生高级思维的培养，以单元主题意义为核心巧妙激发学生的主动思维和创新思维。比如在本节课读者剧场活动结束后，学生对于授课文本的理解增强，学生的朗读能力也有了发展。学生在小组合作表演的过程中，彼此取长补短，小组合作能力与高阶思维能力也有了极大的提升。

（北京十二中朗悦学校　李艳）

第二节　理解体态语言

——教材说明文 *Body Language* 读者剧场教学

一、引言

Body Language 是北师大版九年级全一册英语教材第一单元 Language 的第一课，本单元话题包括肢体语言、英语变体和语言学习建议。本课文章是一篇谈论肢体语言的说明文。文章通过大量生动的示例介绍了不同文化背景下肢体语言的丰富内涵，内容有趣、结构清晰、语言幽默，是一篇非常适合做读者剧场的文本。

二、文本解读

（一）文本话题与主要内容

本单元以“肢体语言”为中心话题，具体涉及什么是肢体语言、如何理解肢体语言以及肢体语言的跨文化性等内容。

(二)主题意义与教育价值

本节课是围绕“肢体语言”这一中心话题展开设计的，旨在通过本节课的学习，帮助学生正确认识肢体语言在交际过程中的作用和意义，使学生明确肢体语言在交际中的重要性，了解肢体语言在不同民族、不同文化中的多样性；使学生在今后的日常生活、学习、工作和交往中尽量减少或避免出现运用肢体语言时可能产生的误解，提高他们的语言交际能力、非语言交际能力以及跨文化交际能力。

(三)体裁特征与语言特点

本课文章是一篇说明文，文章采用了下定义、举例子、分类别、作比较等方式由浅入深地对肢体语言的地域性和独特性进行说明，其主要目的是帮助读者初步了解肢体语言的特点、功能和跨文化交际价值。文章语言简洁、示例生动，且大量使用了一般现在时的被动语态句式，这使得它不仅非常适合于读者剧场的表演，而且能够帮助学生更好地习得英语被动语态这个语言点。

三、学情分析

本班学生属于农村校学生，共 28 人。入学时英语基础知识薄弱，听说能力亟待提高，虽然个别学生英语学习兴趣不高，性格比较内向，不喜欢或者不敢在众人面前表现，在活动中表现出缺乏耐心、烦躁和逃避等情绪，但是大部分学生性格外向，对学习新东西积极性高。经过两年的英语学习和近半年的读者剧场表演，他们对英语学习兴趣很高，英语学习氛围很浓厚，有了一定的英语听说读写能力，大部分学生养成了较好的英语学习习惯，每个小组都能参与读者剧场活动的剧本编写、朗读和表演活动。

四、教学目标

通过本课的学习，学生能够：

1. 初步感知被动语态的一般现在时形式和功能；

2. 了解不同地域、不同文化背景下的肢体语言的含义的差异；

3. 通过学习意识到肢体语言在人际交流中的重要性，并掌握常用的身体姿势和手势用语；

4. 把文本改编成剧本，并利用读者剧场的形式展示出来。

五、教学流程

本次课的最终目标是全班学生合作完成整篇文章的读者剧场表演。为了实现这个目标，整个教学活动分为三个阶段(见图 4-3)。

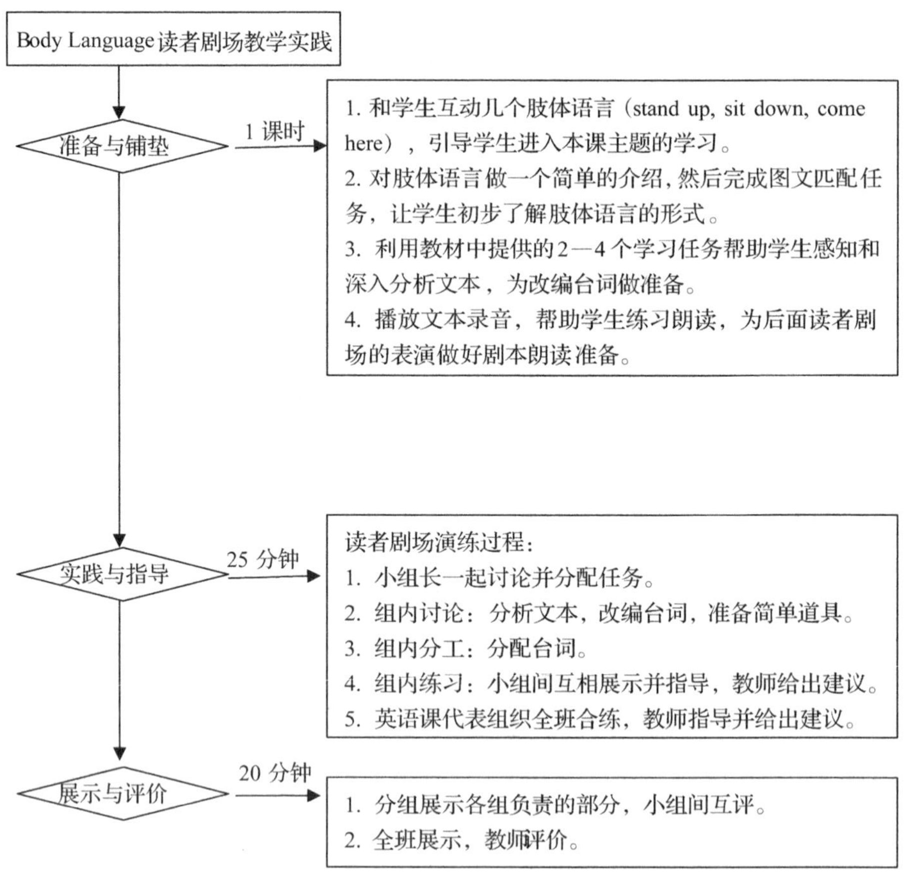

图 4-3 ***Body Language*** **读者剧场教学流程**

(一)准备与铺垫

在师生问候结束后，教师用手势示意一位学生站起来、过来、回去、坐下，引起学生对教师手势的注意，然后举例对“body language”做一个简单的介绍。

接下来教师帮助学生完成教材中的第一个学习任务“Match the body language with their meanings”，让学生对“body language”有进一步的了解，并学习一部分生词。

第一遍阅读后，给学生一个问题“What is the writer's opinion of the importance of body language?”，引导学生初步了解“body language”在世界各地日常交流中的重要地位以及不同国家肢体语言运用的差别，认识到世界文化的差异。

第二遍阅读时，让学生逐段阅读，每次读一个自然段，然后提出一个问题，帮助学生逐段理解文本，为后面的学习任务打下基础。读第一段，回答问题“What kinds of body language are mentioned in this paragraph? And what are their meanings?”，帮助学生形成肢体语言的定义。读第二段，找出问题。“How do people in the west show they don't understand? What do the Japanese do when they greet each other?”的答案。读第三段，回答问题“Are many travellers sure how to bow and when to bow while in Japan? How do people greet new friends in Europe?”。

第三遍阅读时，让学生完成教材上的第四个学习任务(见表 4-1)。经过前两遍的阅读学习后，再通过这一遍的阅读和练习，学生能够整体感知全文中各种不同形式的肢体语言在不同的国家、不同场合有着不同的意思，从而在以后可能遇到的国际交往中，正确处理或者运用肢体语言，丰富交往内容，促进国际间的正常交流和往来。

表 4-1　根据课文完成表格

Body language	Purpose	Place
nod	to show ______	around the world
______	to ask for silence	around the world
shrug shoulders	to show they don't ______ or ______	in some ______
bow	to show ________	in ______, especially in ______
______	greeting (for women & children)	in Europe
______	men greeting each other	in Europe

第四遍阅读时，教师播放课文录音，学生尽量跟读，为下面的读者剧场活动打好语音基础。

(二)实践与指导

教师指导组长按组分配任务，因为全班分为七组，所以本课文章分成了七个部分，但是原文的段落不够七个，这样既要照顾到原文意义的整体性，又要考虑到小组数量，所以经过讨论，决定在尽量不打乱原文的基础上在长段落内进行分工。同时提醒组长要考虑小组中有基础比较好的同学，也有比较薄弱的同学和有表演天赋的同学，组长要尽力照顾到，充分发挥每个人的优势，比如基础好的同学多参与台词的改编，有表演天赋的同学多帮助设计表演。教师让每组学生把自己负责部分中重要的短语或知识点标出来，如画出文中含有被动语态的句子。这是本节课的语法重点，学生在这个过程中能初步感知被动语态的知识。小组在组长带领下做文本分析，适当改编台词，尽量忠实于原文，更口语化，更能吸引观众，有助于表演。例如，在开头，如果直接进入正文会显得有点突兀，于是结合小品表演中那个“嗯哼”“嗨”的动作，先问观众“Do you know body language? Let’s show you that.”，接着表演几个简单的打招呼的肢体语言，再引入正文表演，这样会自然些，也使得观众很快就能明确表演的重点。当然组长之间一定要有交流。组内每个人先把自己负责的部分读熟练，设计配合文本的适当的动作和表情，然后再根据需要准备简单的道具，道具要起到画龙点睛的作用。最后全组初步合练，小组内交流对彼此和整体的建议，本组完成后再和自己组前后文本内容相连的组合练，并互相提建议。

(三)展示与评价

此阶段的展示分为初步展示(即分组展示)和最终展示(即全班展示)。初步展示时，每个小组展示自己负责的部分，由其他组进行评价，并至少提出一条合理建议，可以是读音方面的、动作设计方面的，也可以是学生配合方面的，还可以是剧本改编方面的。例如，在第六组学生展示时，他们把空闲的手放在彼此的肩膀上，对此，有学生提出可以把空闲的手伸向空中，这样就能把这个肢体语言交代得更明确，这个建议也得到了第六组学生的认可，并在表演中实施，效果确实比以前更好了。七个组按照文本顺序依次登场进行展示，教师指导、评价，并给出进一步改善的建议。

在整个过程中，从最开始的读准音到最后成功展示，学生积极投入，展现了良好的创新能力和合作精神。比如，在改编台词时，有的不同意改编，怕影响整体文体风格，有的则认为原文应该修改成观众易于理解的样子，最后大家经过讨论和反复实践，还是做了一定的改编和调整。再如，一组展示后，有的学生建议改变小组演员的站姿、站位，以让观众看清演员的动作和表情，教师也觉得适当的换位更能充分展示表演组的动作和语言的配合。经过尝试，把需要换位置的两个组按顺序前后站位，需要换位置时直接前后换位，不仅节省了时间，还突出了表演的效果。总之，通过读者剧场的展示活动，学生不仅内化了语言，而且提升了社会交往能力和自主学习能力。

六、*Body Language* 读者剧场剧本

<table>
<tr><td colspan="4">Body Language</td></tr>
<tr><td rowspan="2">原始文本体裁</td><td rowspan="2">说明文</td><td>角色数量</td><td>28 个</td></tr>
<tr><td>适用年龄</td><td>13—15 岁</td></tr>
<tr><td>蕴含主题</td><td>文化差异、非语言交流</td><td>时长</td><td>4—6 分钟</td></tr>
<tr><td>角色</td><td colspan="3">Group 1：Reader 1—4
Group 2：Reader 5—8
Group 3：Reader 9—12
Group 4：Reader 13—16
Group 5：Reader 17—20
Group 6：Reader 21—24
Group 7：Reader 25—28</td></tr>
<tr><td>道具</td><td colspan="3">四把椅子；帽子、围巾、地图、标牌等由学生自己根据本组需要制作；其他可以无实物表演。</td></tr>
<tr><td>舞台站位</td><td colspan="3"> 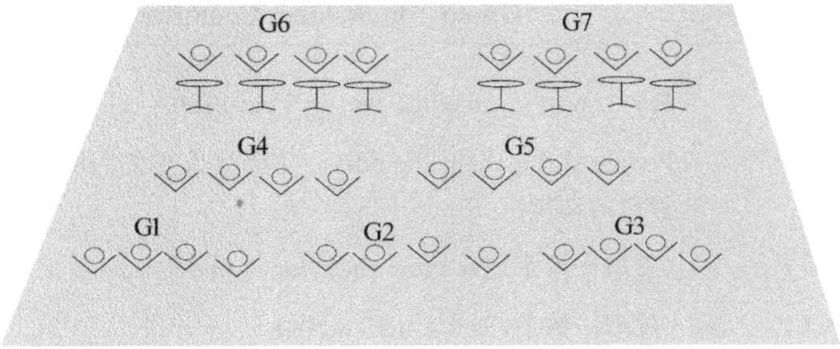G6　G7
G4　G5
G1　G2　G3</td></tr>
</table>

续表

备注：因为是全班参与的大型读者剧场表演，且班级是小组分工合作的管理方式，因此此次表演是以小组为单位分工，表演站位也是以小组为单位。在表演过程中，为了让观看者有更好的观看效果，在表演过程中哪组表演哪组站着，不表演的小组暂时蹲着，有时候还会交换位置，以便让声音更好地传达给观众。	
Reader 1：	Do you know body language? Let's show you that.
Group 2、3、5、6：	(伸手打招呼) Hello!
Group 1、4、7：	(摆手表示再见)Goodbye!
All：	(摊开双手表示很尴尬)Uh-huh.
Reader 1：	These are body languages. And then let's show you a readers' theatre — Body Language.
All：	Body language is an important form of communication that is used everywhere, although we don't often think about it.
Group 1	
Reader 2：	Some messages are understood by people around the world(双手交叉再张开) simply.
Reader 3：	Because they are not(摆手)communicated by words(用手指书).
Reader 1：	For example, in many countries, people nod their heads(全组同学分别重复"nod their heads"，并且分别点头)—
Reader 3：	To show agreement.
Reader 4：	And they put their fingers up(全组同学伸出手指)to their mouths(全组同学靠近嘴)to ask for silence(全组同学发出嘘声).
All：	However, body language is used differently in different cultures.
Group 2 In Western Countries	
Reader 5：	For example, in some western cultures—
Reader 6：	People shrug their shoulders. (全组人重复"shrug their shoulders"并做耸肩的动作)
Reader 7：	(耸肩＋摊手)To show they don't understand.
Reader 6：	(耸肩＋摊手)Don't understand.
Reader 8：	(双手打开)Or they don't care about something.
Reader 5：	(双手胸前交叉)Don't care about.

续表

Reader 7：	（头抬起＋伸出一根手指，表情傲慢）Don't care about.
Reader 6：	（向前一步走，单手向前挥）Don't care about.
Group 2：	This isn't common in other places.
Group 3 In Japan	
Reader 9：	（用手指地图中的亚洲）In Asian countries—
Reader 10：	（用手指地图中的日本）Such as Japan.
Reader 11 &12：	（互相鞠躬，打招呼）People bow to show respect，when they greet each other.
Reader 9 &10	（转向观众，四人一起挥手）Or say goodbye.
Group 3：	（左手在下，右手在上，做"不"的姿势）This isn't done in the west.
All：	Sometimes，people think they know about the body language customs of certain cultures. But in fact，they don't know enough.
Group 4 Bowing In Japan	
Group 4：	（鞠躬）Take bowing as an example.（意在向观众展示鞠躬）
Reader 13 &14：	（Reader 13 &14 两人走出）Many travelers aren't sure—
Reader 13：	（摊手，做不懂状）How to bow.
Reader 14：	（摊手，做不懂状）Or when to bow.
Reader 15：	（举牌子"In Japan"的牌子）While in Japan—（意在指出在日本）
Reader 14 & 16：	（贴面礼）Kissing（意在指出贴面礼是一种礼节）is another example.
Reader 13 &15：	（指向 Reader 14 &16）That we need to learn about.（Reader 14 &16 重复贴面礼）（意在突出学习，所以两人看，两人重复做）
Group 5 Kissing In European Cultures	
Group 5：	In many European cultures—
Reader 17：	Women and children kiss on each cheek.（Reader 17 和 Reader 18 分别伸出两手示意女人和小孩，用手指做 Kiss 状，然后放在两侧脸颊）
Reader 18：	By family members or friends.
Reader 17：	When they meet in the street.（Reader 17 与 Reader 18 配合，表演在街上相遇的情景，互相打招呼）

续表

Reader 19：	（举起手打招呼，添加问候语 Hello/Hi）New friends are often greeted with "Hello" "Hi".
Reader 20：	With a kiss on the cheek by Europeans at parties.（用手放在嘴上后再放到脸颊上。最后四人重复"at parties"，并把准备好的碎纸片撒到空中）
Group 6 Shaking Hands	
Reader 21 &22：	Two men usually shake hands(停顿一下伸出手)and put their free hands(把空闲的手伸向空中)on each other's shoulders.（把手放在彼此的肩膀上）
Reader 23 &24：	In the Middle East(戴上头巾)，you must be careful about your feet.（指脚）
Group 7 In Middle East	
Group 7：	It is very rude.
Reader 25：	（抬脚，鞋底向外，用手指脚）Yes，it is very rude to show the bottom of your shoes.
Reader 26：	（刚开口，其他三人坐在椅子上跷起腿将鞋底对着观众，读完后重复其他三人的做法）. When you rest one leg on top of the other.
Reader 27：	（起身，指向坐着的三人，表情夸张、嫌弃）Oh! It is very rude!（其他三人羞愧地将腿放好，鞋底向地）It's OK.
Reader 28：	It is also not polite to touch people with your shoes(用脚碰触其他人，被碰者嫌弃地推开).
All：	So，as we can see，body language is just as important as the spoken language when we communicate with people from other countries.

七、教学反思

不得不说，通过全班共同完成读者剧场表演的活动，学生体现出了前所未有的学习英语的兴奋和兴趣，每个学生都在不同方面得到了不同程度的提高。展示效果非常好，就像参演的学生说的"颇具震撼力"。站在英语学科核心素养培养的角度看，读者剧场在以下四个方面发挥了重要作用。

首先，通过这次读者剧场的准备、展示，学生英语语言的表达能力得到了很大提升，他们不再只是关注单词的读音，而是更多关注口头表达的流畅性，以及内容和情感的丰富性。就像有的学生说的："在大家不断努力练习的这段时间，我们的口语水平有了非常大的提升，比如从一开始的机械化朗读到最后有感情的朗读，从一开始的每个词之间都停顿到后来意群断句的意识的养成，这都是我们的进步。”

其次，讨论剧本和预演的过程大大提升了学生的文本解读和创新能力。在把文本改编成剧本的过程中，学生们集思广益，互相讨论分享，不断有新的火花碰撞出来。例如在改编“It is very rude to show the bottom of your shoes when you rest one leg on top of the other”，即“跷二郎腿不礼貌”时，为了增强表演效果，展现作者的写作意图，大家经过反复讨论，决定表演时不仅要生动展示这种动作的不雅，而且要展现可接受的做法并增加台词“It's OK.”。可见，通过讨论、交流、实践等方式，学生悟出了文本隐含的情感、态度和价值观，提高了自己的英语思维品质。

最后，读者剧场活动还增强了学生的文化意识和学习能力。因为此次文本涉及了不同国家或地区的身体语言之间的差别，学生在此次读者剧场的编演过程中对同一肢体语言含义的地域差异有了切身体会和认识，彼此间在日常打招呼时也更愿意用英语了，而且还会运用其中的一些肢体语言进行交流，甚至有学生故意模仿某个同学的语音、语调或肢体语言去交流。一个学生说：“现在看阅读文章不再只是看到一个个的单词了，而是短语、是句子，而且也会有意无意地关注一些中英文表达的差异。”学生的这一变化非常令人欣慰。

总之，通过读者剧场的介入，学生们无论是语音、语调、流畅度，还是英语思维能力，抑或是对东西方文化差异的理解和学习能力都得到了锻炼和提高。同时，读者剧场也丰富了教师的教学活动形式和课堂组织形式，让教师看到读者剧场对英语学习起到了实实在在的作用。

（授课教师：北京市房山区张坊中学　李云军）

八、专家点评

读者剧场——解决农村地区英语教育难题的良方

我国英语教育一直都面临着英语学习缺少语境，教师教学方法单一，学生缺乏学习兴趣、学习过程费时低效等问题，这些问题在农村地区尤其严重。而本案例中李老师对此做出了很好的回应，通过读者剧场极大地激发了农村校学生的英语学习兴趣和学习潜能，取得了良好的英语学习和学科育人效果。

之所以能够取得这样的效果，有两个重要因素——方法因素和人的因素。首先，读者剧场是一种融合了朗读和戏剧表演的教学方式。它增加了朗读的戏剧性，能够让学生以剧本中角色的身份发声、行动，从而使学生投入更多的创作激情，在合作创编中引发学生强烈的合作、交流、探究的愿望。同时它又降低了戏剧表演在舞台、布景、道具上的要求，能够让教师和学生就地取材，毫无经济负担地完成排练、评价、反馈、改进、展演等活动。学生兴趣高、经济负担低的优点使它成为解决我国农村地区学生英语学习动力不足、教育资源相对匮乏等问题的良好对策。

有良策，无良师，也无法解决教育问题，所以非常值得一提的是，作为一位有着 30 多年教学经验的老教师，李老师并没有故步自封、墨守成规，而是在北京教育学院徐国辉老师的引领下积极投身英语课程改革，利用有限的教学时间、有限的教育资源，以教材文本为依托，以全班完成读者剧场表演为任务，通过读者剧场教学的三个阶段——准备与铺垫、实践与指导、展示与评价，让学生开阔了视野、内化了语言、提升了学习兴趣和思维品质，增强了文化意识和自主学习能力，同时还增进了学生之间的感情，积累了与人合作、沟通的经验。

具体来说，此次针对教材文本的读者剧场教学中，李老师采取了三个重要策略：

第一，通过设计具有挑战性的大任务——全班以读者剧场的形式表演整篇文章，引领全班学生英语学习的全过程，解决教师教学碎片化问题和学生英语学习兴趣缺乏问题。

第二，通过设计信息转换任务——将教材文本转换成表演剧本，让文字信息转换为视觉、听觉、触觉、动觉信息，调动学生思维的深度参与，促进学生围绕主题意义深刻理解语篇。

第三，将评价、反馈与指导贯穿于任务之间，帮助学生及时发现问题、解决问题。例如，在准备与铺垫阶段，教师基于文本基本信息设计了检测学生理解的问题链；在实践与指导、评价与展示阶段，教师设计了同伴互评、同伴互助、教师评价、教师辅导等环节。

总之，李老师的教学案例生动展示了读者剧场对改善我国农村地区英语教育现状的积极作用，非常值得面临类似问题的英语教师借鉴学习。

（北京教育学院　李健莉）

第三节　传播经典名作

——诗歌 *Prelude to Water Melody* 读者剧场教学

一、引言

《水调歌头·明月几时有》(*Prelude to Water Melody*)是宋代文学家苏轼创作的一首词。因与当权的变法者王安石等人政见不同，苏轼自求外放，辗转在各地为官。他曾经要求调任到离胞弟苏辙较近的地方为官，以求兄弟多多聚会。熙宁七年(1074 年)，苏轼差知密州。到密州后，这一愿望仍无法实现。熙宁九年中秋，皓月当空、银辉遍地，词人与苏辙分别之后已七年未得团聚。此刻，词人面对一轮明月心潮起伏，于是乘酒兴正酣，挥笔写下了这首词。苏轼的这首《水调歌头·明月几时有》可谓千古封神，无出其右者。数个英文版本的译文不仅忠实地还原了原作，更带有个人的文学色彩。本次读者剧场所采用的英文版本来自被誉为“诗译英法唯一人”的翻译大家许渊冲先生。他将词中一些隐含的意境表现了出来，更符合整首词的风格特色，被广泛流传，于是选择此版译文与学生共同学习与创编。

二、文本解读

(一)文本话题与主要内容

《水调歌头·明月几时有》是一首典型的中秋望月怀人之作，它以苏轼与苏辙七年未见之情为基础，围绕中秋明月展开想象和思考，不仅表达了词人对胞弟的无限思念以及对天下离人的美好祝愿，更在明月的阴晴圆缺中参悟出深刻的人生哲理，把人世间的悲欢离合上升到对人生乃至对宇宙的哲思中。

(二)主题意义与教育价值

月亮这一意象承载了人们无限美好的憧憬与理想。《水调歌头·明月几时有》反映出词人虽向往皓然明月，但又不想脱离人世间的矛盾心理。苏轼想超越自然，想脱离现实的束缚，这与他人生中遭遇的一些苦难有关；他留恋人间，是因为他舍不得离开自己的亲人，放不下心中的牵挂和思念。

即便是将近千年之后的今时今日，词人笔下的聚散离合仍然是拨动人们心弦的人生主题，非常容易让读者产生共鸣。作为中学生，应当有这样的自豪感、使命感和责任感，将中华民族传统文化的经世之作介绍及推广给全世界所有热爱生活、珍视和平的人们。

(三)体裁特征与语言特点

全词19句。词前的小序交代了写作此词的缘由和过程；上阕借中秋明月，引发对天上人间的思考；下阕则触景生情，转入对弟弟苏辙的无限思念。词人运用形象描绘的手法，勾勒出一种皓月当空、亲人千里、孤高旷远的氛围，反衬自己遗世独立的意绪，与往昔的神话传说融合一处，在月亮的阴晴圆缺当中，融入浓厚的哲学意味，可以说兼具艺术性与哲理性，既有语言之美，又有思想之美，不仅被选入了小学课本，还被重新谱曲演唱。

把一首古诗词翻译成英语，对于译者来说极其考验古文功底和英文火候。拜读许先生的译作，对于读者来说是莫大的享受。例如："我欲乘风归去"一句，许先生译为"Riding the wind，there I would fly"。苏轼此时被贬密州，但他一直想要再次为朝廷效力，因此，此处的"乘风归去"不仅指现实中的乘风而走，也带有想要再次回到朝廷之意。因此，"riding the wind，there I would fly"更能表达这一种双关的意味。再比如：许先生将"照无眠"译作"shed her light upon the sleepless bed"。无眠的是人，译文中却用"sleepless"来形容"bed"。"床无眠"只有一种情况，那就是人没有躺在上面，侧面反映了作者毫无睡意，可能正站在床前赏月。由此感叹，好的翻译绝不是简单的语言转换，而是从美学的角度解读全词的意境。

从小序到上阕再到下阙，情境的切换非常具有画面感，适合在课堂上进行读者剧场表演。学生通过反复朗读和展示，不断加强对该词的理解，逐步体会词人乐观旷达的人生态度和对生活的美好祝愿及无限热爱。

三、学情分析

参与 *Prelude to Water Melody* 读者剧场教学实践的学生均来自北京市八一学校初二年级某班。个别学生在小学阶段通过课外辅导接触过读者剧场，绝大多数学生进入初中后通过课内常态教学开始了解并尝试读者剧场活动。他们的英语基础相对较好，对英语学习有一定的自信和热情，课堂的参与度较高。部分学生乐于接受挑战，勇于尝试新鲜事物，善于在公众面前展现自我并且具备一定的想象力和创造力。在此之前，学生已经在七年级通过苏教版的语文教材学习了《水调歌头·明月几时有》，对于宋代文学家苏轼及其代表作品并不陌生；该词也被重新谱曲演唱，喜欢音乐的学生非常熟悉这一作品的旋律，这些都为本次读者剧场活动奠定了良好的基础。另一方面，学生已尝试过对教材中的“chant”和课外原版读物中的诗歌进行创编，有一定经验。此次教学任务为寒假英语学科实践作品，以小组结队形式完成。

四、教学目标

通过此次诗歌体裁的读者剧场活动，学生能够：

1. 自主学习中文版本的背景知识和英文译作赏析文章，在反复朗读中逐步深入地体会词人的思想感情，感受作品的文学意境。

2. 借助图片和背景音乐等要素，将自身对全词的理解和阅读感受融入剧本创编中，充分体现作者旷达、乐观的处世态度。

3. 以视频制作、现场展演和评论文章等形式呈现学习成果；有意识地体会汉英译作中两种语言之美，并有意愿继续学习及传播中华优秀传统文化作品。

五、教学流程

本次 *Prelude to Water Melody* 读者剧场教学实践活动主要分为三个阶段(见图 4-4)。首先是读者剧场实践前的准备与铺垫阶段。学生自主学习相关中文版本背景知识和英文译作赏析文章，而后在反复朗读中逐步深入地体会词人的情感变化与内心独白。在此基础上，各组负责创编剧本的学生起草第一稿，之后交由组员共同修改完善。接下来是实践与指导阶段。教师开始介入剧本的最终定稿，在此过程中与小组成员一起梳理文本，内化语言，探讨主题意义；学生先个人自主练习、后小组集中打磨，教师则以视频和微信方式分别安排不少于两次的个别指导及小组集体交流。最后是展示与评价阶段。学生分小组进行展示，依据评价量表进行组间互评，教师再对整体情况进行评价并提出建议。

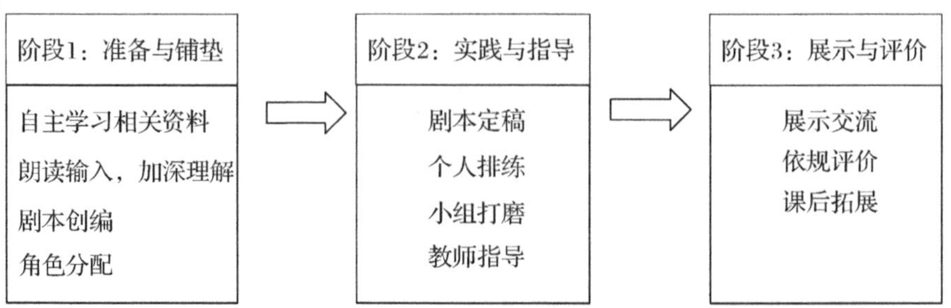

图 4-4 *Prelude to Water Melody* 读者剧场教学流程

(一)准备与铺垫

前两周为准备与铺垫阶段。此次读者剧场实践活动是学生第一次进行宏大主题的诗歌创编与展演，相当有挑战性。为了让学生在中文版本学习的基础上，接触、了解在跨文化交流中语言的重要性、适切性，进而有意识且有动力地提升语言综合运用能力和自身的审美情趣，在这个阶段以教师推荐结合学生自主阅读为主。学生独立学习许渊冲先生版本的译作 *Prelude to Water Melody* 和相关赏析文章。例如：拜读许渊冲、龚景浩、林语堂、朱曼华四位大师翻译的英文版《水调歌头·明月几时有》，从而体会好的翻译不是简单的语言转换。通过学习《许渊冲诗译赏析之〈水调歌头·明月几时有〉》，了解“三美论”(意美、音美和形美)是许先生提出的诗歌翻译的最高境界和标准。通过多种途径帮助学生整体感知、深刻理解文本内容后，负责剧本改编的学生着手划分台词意群，小组成员通过微信方式进行修改完善，教师则与负责人进行至少两次专门交流，初步确定排练版本。

(二)实践与指导

第三周为实践与指导阶段。确定剧本台词后，教师可提供示范朗读视频或学生自主收集英文剧本的原版音视频，引导学生认读和理解生词，从准确性、自动化、韵律化等几方面关注朗读的流畅性。学生先以个人练习为主，依托排练版本要求，完成各自负责的任务。教师则采取抽查方式，对各小组同学的完成情况进行督促与指导。根据对学生过程性评价数据收集，确定抽查名单。检查形式为视频录制，被抽查到的学生自行录制朗读视频，而后将视频发至本组微信群里；组内成员以腾讯文档形式在指定时间按照评价细则进行点评。最后，教师反馈个人意见，就共性问题在群内及时指导，对抽查对象个性化的问题单独沟通，给予改进意见与建议。第四周安排组内合练，因各组成员为自由结合，且不超过五人，有一定灵活性，学生可选择线上或线下方式完成。排练成果需要录像，以供回看精细打磨，视频也是过程性评价的要素之一。教师通过合练录像对各组完成情况加以反馈、评价与指导。

（三）展示与评价

第四周师生合作完成展示与评价，学生成果以视频作品或现场表演为主。课代表提前统计好各组呈现形式与时长，师生共同确定第一周展示时间表，计划占用开学第一节课及第一周课后作业时间。评价环节以课上和课后结合的方式进行。第一节课的主要目标是通过部分作品展示，再次明确评价细则，重点强调关键标准，评价维度涉及学生的参与度，朗读的清晰度与准确度，音调、重读与表现力，语速，体态语与表情，团队合作与准备，等等(Dixon，2010)。其他作品则以每日作业形式课后完成，每天全班学生共同欣赏一组作品，而后在腾讯文档内完成相应的评价任务；第二天课上以主题发言形式，由相关小组代表进行汇报，交流学习心得及排练体会等内容。评价时，学生遵循“Three Stars，One Wish”的原则，真诚且充分地发表各自的观点。指导教师则通过录制的视频提供专业、系统的指导，所有评价数据作为本学期的过程性评价重要指标记录在案，优秀作品推送到家长微信群。

六、*Prelude to Water Melody* 读者剧场剧本

<table>
<tr><td colspan="4">Prelude to Water Melody</td></tr>
<tr><td rowspan="2">原始文本体裁</td><td rowspan="2">诗歌</td><td>角色数量</td><td>4 个</td></tr>
<tr><td>适用年龄</td><td>10—14 岁</td></tr>
<tr><td>蕴含主题</td><td>思家念亲、超然达观</td><td>时长</td><td>3—5 分钟</td></tr>
<tr><td>角色</td><td colspan="3">Narrator；Su Shi 1—3</td></tr>
<tr><td>道具</td><td colspan="3">水杯当作酒杯、苏轼的名牌三张</td></tr>
<tr><td>舞台站位</td><td colspan="3">N1　S1　S2　S3</td></tr>
</table>

续表

Narrator:	Mid autumn festival in 1076.（高兴及畅饮的声效）Happy and wine until the next morning and be in drink.
Su Shi 1:	（有醉意地）I wrote down this lyrics and miss my bother Ziyou at the same time.
Narrator:	Su Shi asks the sky:
Su Shi 2:	（抬头看天上的月亮）How long will the full moon appear?
Su Shi 3:	How long shall I wait to meet my brother?
Su Shi 1—3:	（端起水杯当酒杯）Wine cup in hand. I do not know what time of the year.
Narrator:	It would be tonight in the palace on high.
Su Shi 1:	（张开双臂）Riding the wind, there I would fly.
Su Shi 2:	Yet I'm afraid the crystalline palace would be—
Su Shi 3:	Too high and cold for me.
Su Shi 1—3:	（拿台词本当影子共舞）I rise and dance, with my shadow I play.
Narrator:	On high as on earth, would it be as gay?
Su Shi 1:	The moon goes round the mansions red—
Su Shi 2:	Through gauze-draped window soft to shed—
Su Shi 3:	Her light upon the sleepless bed.
All:	（连续追问）Why then when people part, is she often full and bright? Why? Why? Who can tell me why?
Su Shi 1:	Men have sorrow and joy; they part or meet again;
Su Shi 2:	The moon is bright or dim and she may wax or wane.
Su Shi 3:	There has been nothing perfect since the olden days.
Narrator:	So let us wish that man—
All:	Will live long as he can! Long as he can!
Narrator:	Though miles apart,
All:	We'll share the beauty she displays.
Su Shi 1:	Can you see the moon?
Su Shi 2:	Can you feel her beauty?

续表

Su Shi 3：	I miss you，Ziyou.
All：	（鞠躬）Thank you.

七、教学反思

第一次接触英文诗歌是在 2001 年。我参加了海淀区教委第一个英国交流项目——为期七周的英语教师暑期培训。活动组织方是彭文兰女士及其胞姐。20 世纪 80 年代中期，她曾经在中央电视台主持“星期日英语”等节目，后来又参与 *Follow Me* 的主持工作。培训内容很丰富，但相对传统。学习间隙，这位文静优雅、说一口标准英式英语的女士为大家现场朗诵了 *daffodils*（中文译作《咏水仙》），这是英国诗人威廉·华兹华斯于 1804 年创作的诗歌。这次表演对自己的英语学习经历和教学经历都产生了不小的震动！可以说它是一场真正的听觉盛宴。你只消闭上眼睛，优美动听的声音生动描绘着诗人眼中优美的自然景色——浮云以及大地上成片的金色水仙，娓娓道来着诗人愉悦轻快的内心感受和在忧郁孤独之时回忆起水仙花的心情。为什么我们的培训内容里没有设计英文诗歌赏析？为什么我们的教材里没有给学生安排这样的学习内容？我们的英语学习除了知识与技能等基础性内容外，为什么鲜有关注语言之美的体验？

第二次接触诗歌是偶然搜到一个视频，好像是中美之间一个文化交流活动的片段，由奥斯卡最佳女演员获得者梅丽尔·斯特里普和著名大提琴演奏家马友友联合呈现。表演内容是配乐朗诵我国唐代大诗人王维的《鹿柴》英文版。随着女演员呼吸的调整，我仿佛瞬间来到幽深静谧的山中，看到一个用木栅栏围起来的隐居之所，极富自然之趣，且充满诗情画意。大提琴深邃且悠扬的曲调和着诵读者婉转低沉的声音，和谐而又美好！

《普通高中英语课程标准(2017 年版 2020 年修订)》(以下简称《课程标准》)指出，英语是国际交流与合作的重要沟通工具，是思想与文化的重要载体。学习和使用英语对汲取人类优秀文明成果、借鉴外国先进科学技术、传播中华文化，增进中国与其他国家的相互理解与交流具有重要的意义和作用。故而，在常态教学中，教师应有意识帮助学生进一步学习和运用英语基础知识和基本技能，发展跨文化交流能力，为他们汲取世界文化精华、传播中华文化创造良好的条件。教师还应帮助学生树立人类命运共同体意识和多元文化意识，形成包容的态度，发展健康的审美情趣和良好的鉴赏能力，加深对祖国文化的理解，增强爱国情怀，坚定文化自信，树立正确的世界观、人生观和价值观。

《课程标准》还明确要求，实践英语学习活动观，着力提高学生学用能力。英语课程倡导指向核心素养的英语学习活动观和自主学习、合作学习、探究学习等学习方式。教师应设计具有综合性、关联性和实践性特点的英语学习活动，使学生通过学习理解、应用实践、迁移创新等一系列融语言、文化、思维为一体的活动，获取、阐释和评价语篇意义，表达个人观点、意图和情感态度，分析中外文化异同，发展多元思维和批判性思维，提高英语学习能力和运用能力。

作为一名一线教师，我觉得我们应该主动作为，在思想上与《课程标准》保持一致，在行动上积极拓展教学途径，将《课程标准》落地。读者剧场的形式为我的“知行合一”提供了有力支持。即使在实践中推动缓慢、充满挑战，我也要执着向前。因为教师的关注点在哪儿，学生的成长点就在哪儿！

目前学生们接触的英语学习资源基本以课内教材和有限的教辅为主，部分学生有课外语言输入且以阅读材料为主。据了解，他们阅读的文本多半是故事类的绘本，或者是各大出版社的分级读物、桥梁书，很少有诗歌体裁的作品，汉英互译的作品更是少之又少。由于诗歌独特的美学特征——整齐的形式、规则的韵律、丰富的意境和深刻的内涵，普通的翻译标准无法涵盖诗歌翻译。英语和汉语属于不同的系统，中西方之间的文化差异又巨若鸿沟，互译是很困难的，但从世界文化交流的大背景看，这又是极其特殊而重要的。所以教师应把好关，为学生适时推荐翻译大家的经典之作，让他们的学习活动中既有中国传统文化传世之作的学习与展示，也有不同文化背景的名篇赏析与交流。丰富学习内容、推进学科融合、拓展活动形式、激发学习动机、增强文化自信、培养思维品质，我们教师真的可以为之做出自己的贡献！

在此过程中，教师引导学生关注自身朗读的准确性、艺术性，控制好语速、语气、语调，做好意群断句、表情、肢体动作以及与观众的眼神交流，以培养学生的文本理解能力与表现力。教师可引导学生创造性地使用肢体语言，如背对观众表示暂时离场，还可以借助声音效果或简易道具辅助表演。

（授课教师：北京市八一学校　史小鹍）

八、专家点评

以读者剧场表演为产品的诗歌“赏析”

英语课程改革的方向是将学科目标从语言综合运用能力转变为英语学科核心素养的语言能力、文化意识、思维品质和学习能力的融合培育，这要求英语教师必须提升教学设计的站位，从关注英语交际技能的单课时设计转变到主题意义引领的单元整体设计。北京市八一学校的史老师作为一位资深初中英语骨干教师深刻洞悉了这一趋势，将自己的生命体验与英语教育融为一体，开展了以读者剧场表演为“产品”的诗歌赏析教学活动。

从课程开发的角度看，史老师完成的是一个聚焦学生诗歌鉴赏和创造性表达能力发展的微型课程开发。本案例中她将目标、体验、安排、评价融为一体。我们可以看到，她首先对学生发展的目标进行了定位，即感受原作与译作的文学意境和语言之美，体会原作作者的处世态度，以视频制作、现场展演和评论文章等形式呈现学习成果。实施过程中，她既注意发挥学生的自主性，又注意发挥教师的主导作用。例如，在准备与铺垫阶段，她不仅设计了学生自主阅读教师推荐的学习资料、小组成员利用微信修改完善剧本的任务，还与小组负责人专门交流，初步确定排练版本；在实践与指导阶段，她充分考虑学生的差异，允许学习能力强的学生自主收集可供借鉴的音视频资料，同时注意引导全体学生从多个维度关注朗读的流畅性；在展示与评价阶段，她为每一组学生都提供了展示与评价的机会，或在线下，或在线上，而且也让家长成为学生表现的隐形评价者。在她的努力下，学生不但达到了她设计的审美目标、语言学习目标、创造性表达目标，而且锻炼了人际沟通能力、合作能力、决策能力、评价能力。

可见，史老师的教学一定程度上体现了深度学习的理念，非常有利于将学生培养成为具有扎实学识基础和独立思考能力、善于合作、有社会责任感、具备创新精神和实践能力的人。因此她的读者剧场教学思路非常值得一线教师借鉴和亲身实践。

（北京教育学院　李健莉）

第四节　减轻过重负担

——教材议论文 *Maybe You Should Learn To Relax* 读者剧场教学

一、引言

本次教学实践的剧本素材选自人民教育出版社《英语(新目标)》八年级下册 Unit 4 Section B-2b。教师根据教学进度，选择一篇近 290 词的阅读文章为蓝本，设计此次读者剧场活动。文本主要讲述了两位美国母亲与一位专家交流给子女报课外班的不同看法。以往给国人，尤其是给国内学生留下的美国孩子受教育的印象多局限在影视剧中的情景：中小学生每天不用早起上学，课程负担也比较小，老师不留什么作业，学生只上大半天课，有很多选修课程和课后俱乐部，周末不用上各种补习班或兴趣班；上课不用端坐，可以坐在地上、桌子上，还可以随意吃着东西，老师也不干预；想考大学就好好读高中，不想考大学也不用担心高中升学问题，毕业后当个侍应生也能过得挺好；父母为孩子提供开放的交流空间，让孩子全权决定而不为孩子指示方向，让他们自由成长；等等。那么真实的情况果真如此吗？通过本篇课文的学习，相信学生们会产生新的看法。

二、文本解读

(一)文本话题与主要内容

文本话题为子女教育，主要讲述了两位美国母亲与一位专家交流给子女报课外班的不同看法。第一位母亲给三个子女报了不少课外班，她认为课外班能为孩子未来的成功打下基础；而另一位母亲则认为孩子就应该活得像个孩子，家长不要给他们施加过多压力。专家认为过大的压力不利于孩子发展，应该给予他们时间放松并让他们学会独立思考。相比于成功而言，孩子的快乐和幸福可能更重要。

(二)主题意义与教育价值

望子成龙、望女成凤可以说是很多家长的心愿。每一位父母都在尽自己最大的努力为孩子争取最好的教育和生活环境，只期盼有朝一日孩子可以接受顶级的高等教育，将来有一个好工作和安稳的人生。这种教育观不仅仅局限于世界各地的华人或者“大中华文化圈”，即便是在大洋彼岸的美国也能看到。子女成才，家长的投入和付出必不可少。

然而，教子如种树。教育孩子，父母应在“根”上下功夫，充分考虑孩子自身的性格特点，重视孩子心理与行为发展的渐进性或需要；在教育过程中，注重方法，因材施教，而不是一厢情愿地“帮助”和“促进”孩子成长，采取一些过当的教育方式往往会导致事与愿违。父母应根据孩子的自身特点，坚持一切从实际出发制订教育计划，科学合理地设定培养目标，同时还要贴近生活、满足孩子的个性需要，要让孩子沿着自己喜爱的、正确的发展道路健康快乐地成长。诚如文中所言：“Let kids be kids.”。

我们的学生正处在青春期，他们对于自己的学习、生活和未来发展有着不太清晰的想象或规划，却又无比向往独立，渴望拥有一定的选择权和掌控力；他们不再轻信家长、老师及权威的观点，就像是亟待奔跑却还丢不下拐棍的孩子。文本主题的现实意义非常大！参加课外学习辅导的话题非常贴近学生实际，很容易引起学生共鸣，现实生活中不少人就在这样内卷的状态下纠结着、挣扎着，所以这个话题学生有的说，也愿意说。

(三)体裁特征与语言特点

本次选用的读者剧场材料选自人民教育出版社《英语(新目标)》八年级下册 Unit 4 Section B-2b。第四单元的标题是“Why don't you talk to your parents?”，话题为“Interpersonal Communication”；语言功能是“Talk about problems & Give advice”；主要句式结构为“Why don't you…？”以及“Conjunctions *until*, *so that* and *although*”。Section A 主要谈论与朋友和兄弟姐妹的日常矛盾以及与家庭成员的关系处理，提建议的句式多见“should”和“could”，比较基础。Section B 开始将话题聚焦在学生在学习和课余生活方面与家长的冲突，句式也进一步拓展，逐步渗透连词的使用，以厘清句与句之间的关系。

文本属于比较典型的议论文体，结构清晰。文前有标题明确主题；正文为总—分—总结构，首段引出话题，二三段分别从两个美国家长的角度阐释不同的育儿观，尾段则以专家视角给予意见与指导，同时再次亮明观点：“Although it's normal to want successful children, it's even more important to have happy children.”。

全文共计 288 词，其中生词 7 个，这也是本单元阅读策略教学的重点，即通过语境理解生词的含义。文本的篇幅、结构和语言利于学生提取不同论点与论据，非常适合在读后活动中采用读者剧场的形式进行口头输出，内化目标语言。

三、学情分析

参与 *Maybe You Should Learn To Relax* 读者剧场教学实践的学生均来自北京市八一学校初二年级某班。全班学生总数为 38 人，学生语言基础属年级中下等水平，相当一部分学生没有形成较好的朗读习惯，朗读准确度尚可，但意群意识较弱。多数男生和小部分女生朗读时的语音、语调比较平淡，重读与轻读的意识偏弱。通过与班主任和家长沟通了解到，至少三分之一的学生在小学阶段英语即为薄弱科目，他们对英语学习缺乏兴趣，没有信心和良好的习惯，甚至到了放弃的地步。升入初中后开始接触不一样的老师和新的学习方式，部分学生开始有所改变，愿意跟着老师的指导落实学习能力范围内的任务。所有学生均是在进入初中后通过课内常态教学开始了解并尝试读者剧场活动，部分学生对英语学习有一定的自信和热情，课堂的参与度较高。小部分学生乐于接受挑战，勇于尝试新鲜事物。

四、教学目标

通过此次议论文体裁的读者剧场活动，学生能够：

1. 以剧本创编和展演的形式，初步运用目标语言与技能完成相应的学习任务。

2. 在活动过程中体验语言学习的乐趣，感受小组合作学习的团队力量。

3. 用读者剧场评价量表指导和完善本组的剧本创编和表演，并在欣赏各组作品后有理有据地给予评价或建议。

五、教学流程

本次读者剧场教学实践处于初级阶段，选材以课本内容为主，4—6 人一组。因语篇长度适中，故安排课上完成，设计用时 15 分钟，分为准备与铺垫、实践与指导、展示与评价三个阶段(见图 4-5)。

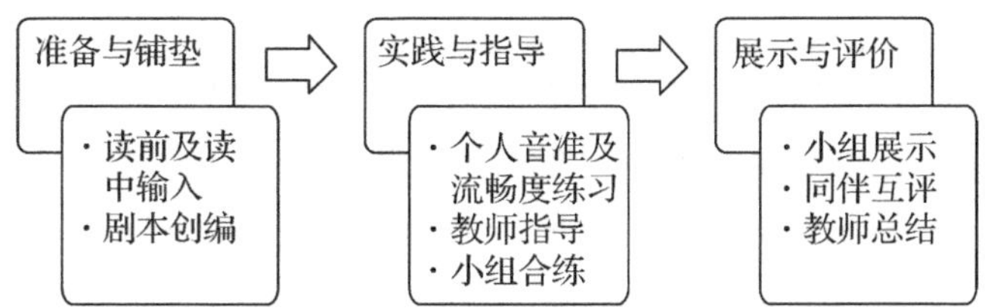

图 4-5　*Maybe You Should Learn To Relax* 读者剧场教学流程

(一)准备与铺垫

该环节计划用时 5 分钟。基于授课班级学生的实际语言基础，在此次读者剧场活动前，教师设计了读前和读中不同层级的阅读活动，为读后的剧场活动做好铺垫，尤其是学生要在现场有限的时间内完成剧本的编写工作，这个任务极具挑战性。例如：设计读中的任务单，让学生提取两个家长和专家的不同意见及支撑的细节信息等以支持剧本编写(详见图 4-6 至图 4-8)。

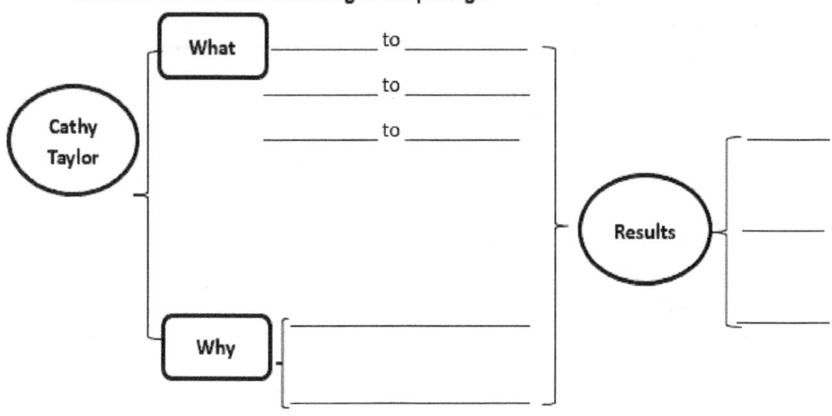

图 4-6　任务单 1

Part 2: Fill out the chart according to the passage.

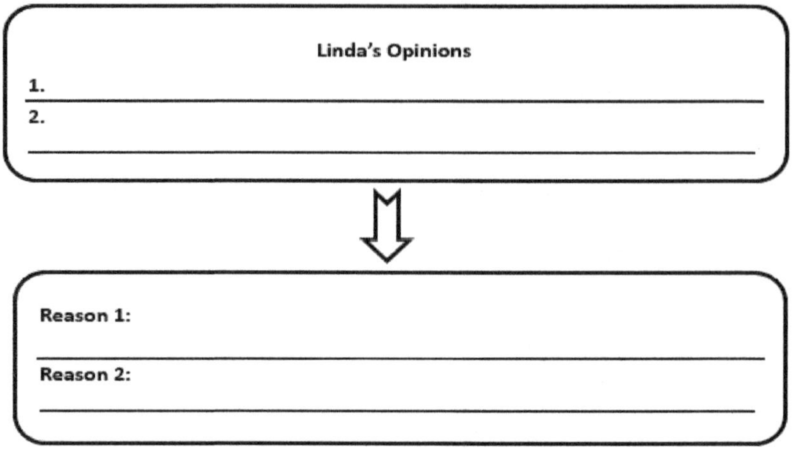

Linda's Opinions
1.
2.
Reason 1:
Reason 2:

图 4-7　任务单 2

Part 5: Think and fill.

Think about what is important when reading. Try to find out the answer by filling out the chart.

The Expert's Opinions:
Reason 1:
Reason 2:
Reason 3:

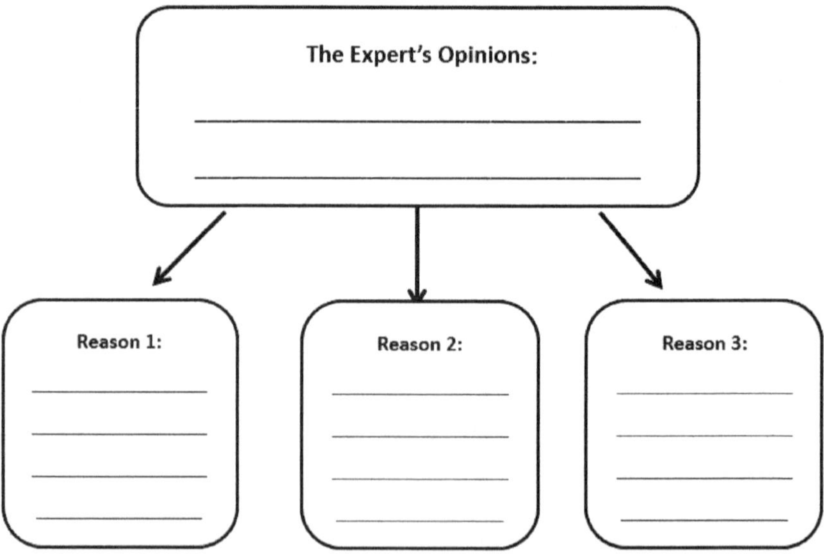

图 4-8　任务单 3

因为时间有限，剧本在课上不需要按照要求的格式和规范创编，学生可充分利用学案。这一过程中，教师重点关注水平中等和偏弱的小组，他们的困难更大，为保证大部分学生跟上节奏，教师指导他们先把框架和基本的语言组织起来；程度较好的小组自主创编，课后再由教师和主要负责的学生共同修订，之后作为剧本样本下发至全班，以小组为单位集体在课后完成。

(二)实践与指导

该环节的时间为 3—5 分钟。因为每个学生手中都有学案且不需要背诵，大家只需要做好角色间的切换就好，教师要在有限的时间内争取让学生反复朗读，力争准确、流利、有角色的代入感。有能力的小组可在语气、表情、道具等方面做些设计。在这个过程中，教师发现部分小组的动作表演痕迹过重，反而掩盖了声音的作用。于是教师指导学生在朗读时，用符合身份的语气和肢体动作准确传递信息，同时引导学生与观众进行眼神或语言互动。有的小组设计的是电视台主持人采访的情境，教师提醒学生要有观众意识，应设计台上和台下观众的互动方式，如登场时挥手打招呼或发表观点时与其他人进行眼神交流等。此时的指导主要关注程度较好的 2 个组，一方面为其他学生打样儿，帮助学生看到榜样、看到希望；另一方面也是由于课时紧张，对不同程度的学生目标要求也不同。有的要求当堂展示，有的可能要课后练习、第二天再交流展示，还有的只需按照剧本角色分工，熟练朗读即可。

(三)展示与评价

该环节的时间为 5—7 分钟，以自荐或教师推荐的方式安排两组学生展示。展示前教师再次明确评价细则，重点强调关键标准。评价时，学生根据评价量表，遵循“Three Stars，One Wish”的原则，充分地发表各自的观点。指导教师则以激励为主导思想，充分肯定学生的大胆尝试，让学生感受到被认可、被尊重，从而收获成就感和满足感，激发学习兴趣和热情，通过“微火”的闪光实现“星星之火，可以燎原”的最终目标。同时，所有评价数据作为本学期的过程性评价重要指标记录在案，优秀作品推荐到家长群中分享。

六、*Maybe We Should Learn To Relax* 读者剧场剧本

<table>
<tr><td colspan="4">Maybe We Should Learn To Relax</td></tr>
<tr><td rowspan="2">原始文本体裁</td><td rowspan="2">议论文</td><td>角色数量</td><td>6 个</td></tr>
<tr><td>适用年龄</td><td>13—15 岁</td></tr>
<tr><td>蕴含主题</td><td>个人成长</td><td>时长</td><td>4—5 分钟</td></tr>
<tr><td>角色</td><td colspan="3">Narrator 1—3，Cathy，Linda，Dr. Alice
（可以适当增加群演 3 人表示 Cathy 的孩子）</td></tr>
<tr><td>道具</td><td colspan="3">每位演员一个手持麦克风</td></tr>
<tr><td>舞台站位</td><td colspan="3">Cathy　Alice　Linda
N1　N3　N2</td></tr>
<tr><td colspan="4">Scene 1</td></tr>
<tr><td>Narrator 1：</td><td colspan="3">Have you ever noticed that Chinese children are sometimes busier?</td></tr>
<tr><td>Narrator 2：</td><td colspan="3">（疑惑）Sometimes?</td></tr>
<tr><td>Narrator 1：</td><td colspan="3">On weekends than on weekdays.</td></tr>
<tr><td>Narrator 2：</td><td colspan="3">（点头）Well，I think so.（疑惑，转头看 Narrator 1）But why?</td></tr>
<tr><td>Narrator 1：</td><td colspan="3">Because they have to take so many after-school classes.</td></tr>
<tr><td>All：</td><td colspan="3">So many after-school classes!（所有角色低头叹气，表示无奈）</td></tr>
<tr><td>Narrator 2：</td><td colspan="3">I know，but what I mean is why they are taking so many after-school classes.</td></tr>
<tr><td>All：</td><td colspan="3">Why?</td></tr>
<tr><td>Narrator 3：</td><td colspan="3">（看向 Narrator 1—2）Many of them are learning exam skills so that they can get into a good high school and later，a good university.</td></tr>
<tr><td>Narrator 2：</td><td colspan="3">Everyone wants to get into a good university，including us.</td></tr>
<tr><td>Narrator 1：</td><td colspan="3">（点头）I agree.</td></tr>
<tr><td>All：</td><td colspan="3">Wonderful weekends speed by，you have no time to stop or rest. I agree，you must keep doing. You must do your best.</td></tr>
</table>

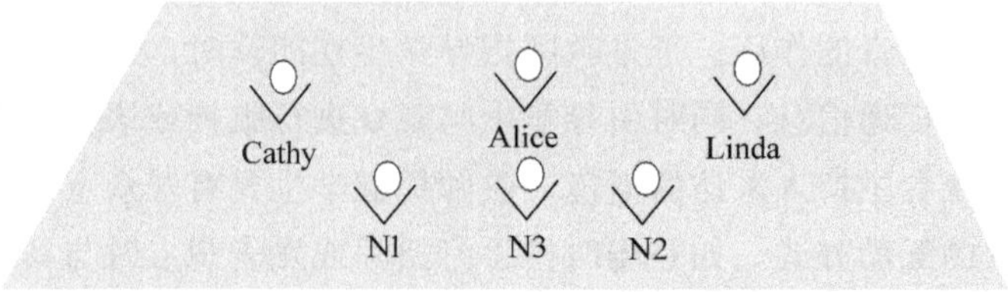

续表

Narrator 3：	However, this doesn't only happen in China. The Taylors are a typical American family. Life for Cathy Taylor's three children is very busy.（众人皆露出难以置信的表情）
All：	You mean American students are also as busy as us?（非常质疑的语气）
	Scene 2
Cathy：	（Narrator 1 和 Narrator 2 向后站，Linda 和 Cathy 向前站）On most days after school, I take one of my two boys to basketball practice and my daughter to soccer training.（Narrator 1—3 配合做出打篮球和踢足球的动作）Then I have to take my other son to piano lessons.（Narrator 1 配合做出弹钢琴的动作）Perhaps I could cut out a few of their activities（手掌做出删除的姿势），but I believe these activities are important for my children's future.（激动地挥舞着双臂）I really want them to be successful.
All：	I really want them to be successful! Flourishing! And thriving!（分批次，此起彼伏地大声朗读）I am a super mom. I want super kids.
Narrator 2：	（疑惑）But what will happen to them if they become successful?
Narrator 1：	She thinks her children will probably（不好琢磨的表情）have an easier and happier life in the future if they become successful.（令人羡慕的表情）
Narrator 3：	However, the tired children don't get home until after 7：00 p. m. They have a quick dinner, and then finish their homework.（语速加快，配有吃饭和写作业的动作，众人辅助完成）Linda Miller, a mother of three, knows all about such stress.
Linda Miller：	（向前走一步）In some countries, competition starts very young and continues until the kids get older. Mothers send their small kids to all kinds of classes. And they are always comparing them with other children.（摇头）It's not good.
All：	A flower does not think of competing to the flower next to it. It just blooms.（双手摊开比画出一朵美丽的小花）
Linda Miller：	A child is like a butterfly in the wind. Some can fly higher than others. But each one flies the best it can. Why compare one against the other?
All：	Each one is different. Each one is special. Each one is beautiful.

续表

Scene 3	
Narrator 2:	I see, some children in the world are busy, and some parents want their children to be successful.
Narrator 1:	However, doctors say too much pressure is not good for a child's development.
Narrator 3:	For example, Dr. Alice Green says all these activities can cause a lot of stress and anxiety for children.
Dr. Green:	(向前走一步)Kids should have time to relax and think for themselves, too.
All:	Children are the future. Nurture them right, so that they grow up to be leaders and lead the world towards light.
Dr. Green:	Although it's normal to want successful children, it's even more important to raise a happy and healthy child. (看向所有的表演者表达这样的观点)
Scene 4	
Narrator 2:	Parents in every country want their children to be successful, so they send their children to many after-school classes, hoping that they'll win in the future.
Narrator 1:	But recently, China has introduced a new policy to cut down the after-school classes for students. (众人露出期待的神情)As for us, we also need to find a balance between studying and relaxing.
All:	Yes. We all need to learn to relax! Relax!

七、教学反思

初识读者剧场，眼前一亮！可转念一想，心中又不免泛起阵阵忧虑。这样好的活动能否适用于自己所教的所有班级和学生？毕竟演绎文本需要深度理解语篇，需要有一定的想象力和创造力去创编剧本，需要参与的学生充满自信地站在公众面前勇敢地展现自己的综合能力，更需要小组的合作探究和有效组织。

重读《义务教育英语课程标准(2011 年版)》，我在课程理念部分看到如下表述："义务教育阶段的英语课程应面向全体学生。在教学目标、教学内容、教学过程、教学评价和教学资源的利用与开发等方面应考虑全体学生的发展需求。英语课程应成为学生在教师的指导下构建知识、发展技能、拓展视野、活跃思维、展现个性的过程。”作为一线教师，我们有责任、有义务在日常教学中努力实践，使这些高度权威性的指导方针在课堂上真正落地。

从功利的角度看，开展读者剧场活动也是为了解决教师在实际教学中遇到的诸多问题。例如：北京市中考改变了以往纯笔试的形式，增加了听口上机考试，不仅绝大多数题型需要学生口头作答，更有一道 8 分的朗读试题。然而，目前中学生的英语朗读能力普遍较弱，除常见的读音不准、语音语调单一外，最突出的问题是意群断句不当、语气平淡、韵律感不足等，朗读者不能做到用有声的语言传达所读文本的深刻含义，也很难引起听者的情感共鸣。此外，学生们朗读的自信心与朗读兴趣普遍偏低，缺乏良好的朗读体验。以上问题急需授课教师重视朗读教学，改变朗读训练形式单一的现状，从而激活学生朗读的主动性与热情。再比如，阅读教学中我们会发现很多学生在阅读文本时流于表面，没有复读的意识与习惯，时常脱离文本内容而从自身维度去理解语料，对故事发展脉络、人物心理变化等情感线的理解普遍偏弱。读者剧场的运用能帮助教师较好地解决这类问题，因为它强调朗读者对文本背后意义的建构与阐释，即利用声音将观众带进剧本的世界。

《义务教育英语课程标准(2022 年版)》在对四级和五级“说”与“读”的技能表述中也明确要求：学生能连贯、流畅地朗读课文；能在教师的帮助下或根据图片用简单的语言描述自己或他人的经历；能在教师的指导下参与角色表演或表演短剧等活动；能在上述口语活动中使用正确的语音、语调，做到语音语调自然，语气恰当。

从学生的长远发展看，无论是语言能力、文化品格、思维品质还是学习能力的提升，都需要有不同的载体助力他们在充满创意和挑战的学习活动中自然而然地沉淀和生发。教师需要整体设计，充分考虑语言学习的渐进性和持续性，评价时也应该结合不同程度学生的实际，以形成性评价为主，维度可根据任务难度和发展阶段有所侧重和调整，重点应关注学生在学习过程中的表现和进步。例如：活动初期，可从课本中对话类文本切入，重点引导学生对关键词的理解与表达；中期慢慢过渡到课本中非对话类阅读文本，强化团队合作与声音、动作和表情的设计，这些元素的加入更能增强表演时的现场效果；后期可以在体裁上进一步丰富，如歌谣、诗歌等，也可慢慢输入课外经典英文读物丰富学习资源，开阔学生视野。

（授课教师：北京市八一学校　史小鹃）

八、专家点评

读者剧场让深度学习真实发生

首先，读者剧场促进教师的教学从“知识立意”向“素养发展”转变。史小鹃老师一直在教学中坚持读者剧场且卓有成效。她以学生朗读时存在的普遍问题为研究点，让读者剧场解决了学生“只读不思”的问题。正如她在教学反思中所言，“阅读教学中我们会发现很多学生在阅读文本时流于表面，时常脱离文本内容而从自身维度去理解语料”，因此她运用读者剧场引导学生对故事发展脉络、人物心理变化等情感线进行关注并创编学生真实理解的文本。她敢于放手，利用读者剧场，让学生通过朗读建构与阐释文本背后的意义。教师的“放手”在本质上是教育理念的转变，即从原有“知识立意”的教学向“素养发展”的教学转变，落实立德树人理念。

其次，读者剧场促进教师从“共性教学”向“差异化教学”转变。史老师以学生为本进行读者剧场整体设计，充分考虑学生起点，并关注学生语言学习的渐进性和持续性，特别是在教学过程中结合不同程度学生的实际，用形成性评价关注学生在学习过程中的表现和进步，成就每一名学生在教师的指导下构建知识、发展技能、开阔视野、活跃思维、展现个性的过程，让教、学、评一体化水到渠成地发生，这些正是注重差异化教学的设计与指导。读者剧场可以让教师思考并践行如何从传统教学向关注学生普遍、共性问题，向关注不同程度学生的实际获得转变，旨在促进每一名学生全面而个性的发展。

（北京十二中朗悦学校　李艳）

第五节　发现他人亮点

——校园故事读物 *Uncle Al Goes Camping with Us* 读者剧场教学

一、引言

本案例选取的剧本素材是外语教学与研究出版社出版的《多维英语》13 级

Uncle Al Goes Camping with Us(《和阿尔叔叔去露营》)，由王蔷教授和新西兰教学专家Jill Eggleton主编。本书是一本虚构类小说，主要讲述了一个男孩带着阿尔叔叔参加学校露营活动的故事。我们选择它进行读者剧场剧本的改编和演绎的原因如下：其一，故事中的主要角色，如“I”、Uncle Al、Holly Ho等，他们每个人的所作所为及反映出的性格特点或转变都十分突出，因而很适合读者剧场这种外显型的课堂活动。其二，故事的主要角色数量适中，既不会太少，显得内容单薄；也不会太多，使呈现出的结果过分复杂而让观众不明就里。其三，故事的内容比较浅显易懂，对于七年级的学生，他们甚至可以自行对文本内容进行读者剧场剧本的改编，能够非常有效地提升学生的语言水平，同时也可以提升学生对于学习英语的兴趣。

二、文本解读

(一)文本话题与主要内容

本课剧本素材选自《多维阅读第13级》，共22页，387个单词，讲述了一个男孩带着阿尔叔叔参加学校露营活动的故事。在露营过程中，阿尔叔叔做了很多“蠢事”，如不慎烤煳烤肉并扔着玩儿、想去救恐高的女学生却把自己卡在山崖上、划船的时候掉入河中还做着鬼脸等，令“我”羞于承认他是自己的叔叔。然而露营回程途中，校车出现故障，正当大家心情崩溃、一筹莫展的时候，阿尔叔叔自告奋勇地修好了校车。最终，到达学校后，“我”向同学们承认了阿尔叔叔与自己的亲戚关系。

(二)主题意义与教育价值

文本重点刻画的角色阿尔叔叔是一个冒着傻气、不太靠谱的成年人，尽管他其貌不扬，却能给孩子们带来欢乐，并通过自己的努力切实帮助孩子们解决困难。作者通过讲述“我”和阿尔叔叔去露营的故事，让读者体会阿尔叔叔虽然冒着些傻气，但具有乐观、热心、积极向上、负责任的品质，引导读者不要片面地评价一个人，而是要克服成见，全面客观地对待周围的人和事。在读者剧场排练中，教师可以引导学生加入夸张的动作及表情，以突出绘本的主题意义和人物特征。

(三)体裁特征与语言特点

文本运用一般过去时，描述学生一起去露营、“我”由身为家长的阿尔叔叔陪同的故事。由于是一本虚构小说，文章的故事线按场景描绘得非常明晰。文章中反复出现“silly”一词，强调了阿尔叔叔的孩子气。这与故事从第一人称的角度讲述密切相关，因为“silly”也反映了“我”对于阿尔叔叔的固有印象。但是在配图中，插画师巧妙地利用图片中不同角色的表情表现出霍莉和“我”对阿尔叔叔的不同态度，反衬出“我”对阿尔叔叔的成见。

三、学情分析

本节课授课班级是北京市第五中学通州校区初一(6)班学生，共有37名学生，大部分学生学习态度比较端正，英语两级分化现象比较严重。日常教学中，组成6人互助学习小组。学生们对英语学习有着很强烈的兴趣，性格较为外放，大部分学生愿意在课堂上表现自己。部分学生有外出露营的经历，大部分学生在阅读中能够获取表层信息。学生基本了解一般过去时的意义、形式和用法。学生在上本课之前，曾有过两到三次读者剧场活动的尝试，如《三只小猪》《石头汤》等；但由于没有系统地进行读者剧场示范和教学，学生对读者剧场的概念仍存在一定误区。

四、教学目标

本课为连续两课时，其中，第一课时的教学目标是：

1. 通过观察绘本封面，预测作者和阿尔叔叔去露营的故事内容。

2. 通过细致阅读，获取并梳理阿尔叔叔和作者去露营的故事信息，总结归纳阿尔叔叔的各种行为。

3. 通过小组阅读，分析阿尔叔叔的性格特征及作者对阿尔叔叔的情感变化。

第二课时的教学目标是：

1. 依据故事走向，以小组为单位编排、自演一个片段。

2. 能够对其他同学的表演按给出的评价标准进行合理评价。

3. 根据文本图片的对比，明白视角差异会带来对同一事物完全不同看法的道理，进而联系自身，感悟自己的生活。

五、教学流程

Uncle Al Goes Camping with Us 读者剧场教学实践活动主要分为三部分(见图4-9)。

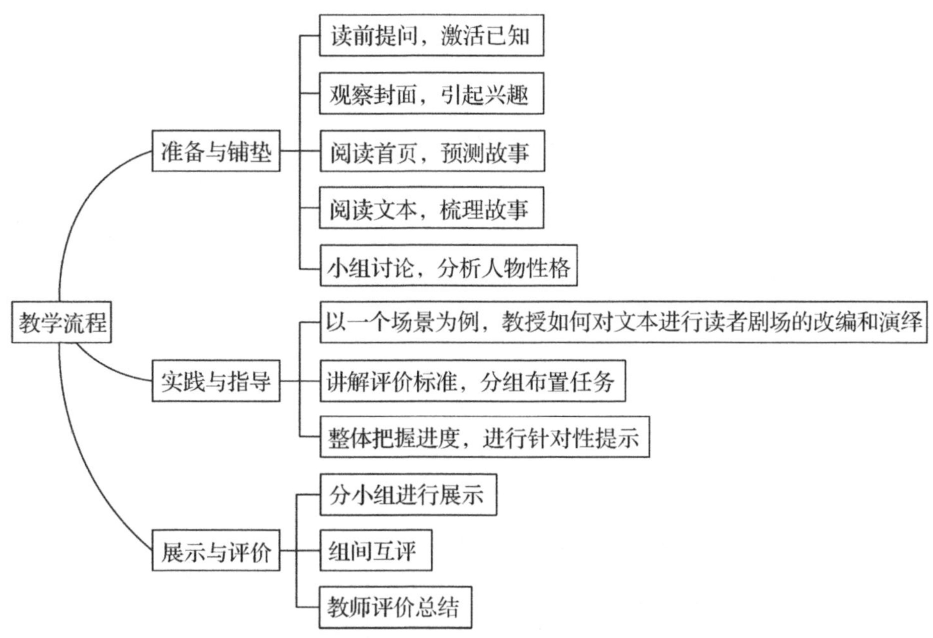

图 4-9　*Unle Al Goes Camping with Us* 读者剧场教学流程

(一)准备与铺垫

教师通过提问“Do you like going camping? What do people usually do during camping?”，导入本课话题，激活学生关于露营的相关知识。学生说出了“have a picnic, have a barbecue, go fishing, go for a walk, go boating”等相关短语。随后教师展示绘本封面，提问“Who is Uncle Al? What do you think of Uncle Al? What else can you see?”。学生阅读封面之后，讨论阿尔叔叔的人物形象，激起阅读该绘本的兴趣。学生能够用“crazy, silly, excited, funny, ugly”等词描述对阿尔叔叔的第一印象。学生阅读文本的第一页，了解露营的缘由。教师展示露营涉及的三个场景：“have a barbecue, climb a rock, travel in a canoe”，让学生小组讨论，预测阿尔叔叔在露营中所做的蠢事，学生说出了“play with fire, forget to bring the meat, make… black, jump into the river”等阿尔叔叔可能做的蠢事。随后，学生通过第一遍阅读，检验自己的预测。第二遍阅读，梳理文章的主要场景信息，讨论阿尔叔叔的具体行为及作者对阿尔叔叔的态度。最后，教师通过问题“How did the writer feel before, during, and after the camp? What kind of person do you think Uncle Al is?”，让学生们分

组阅读，分析作者对阿尔叔叔的情感态度变化，总结阿尔叔叔“warm-hearted，kind，optimistic，helpful”的人物性格，使学生对“silly”一词有了更新的认识。

在第一课时中，通过自读与小组合作阅读，学生对整个故事内容及阿尔叔叔的性格特征有了初步的了解，学生总结出故事的情节线与情感变化线(见图4-10)。在第二课时中，教师将读者剧场引入课堂教学中，使学生们在朗读中，进一步体会阿尔叔叔乐观、热心、负责任的品质。

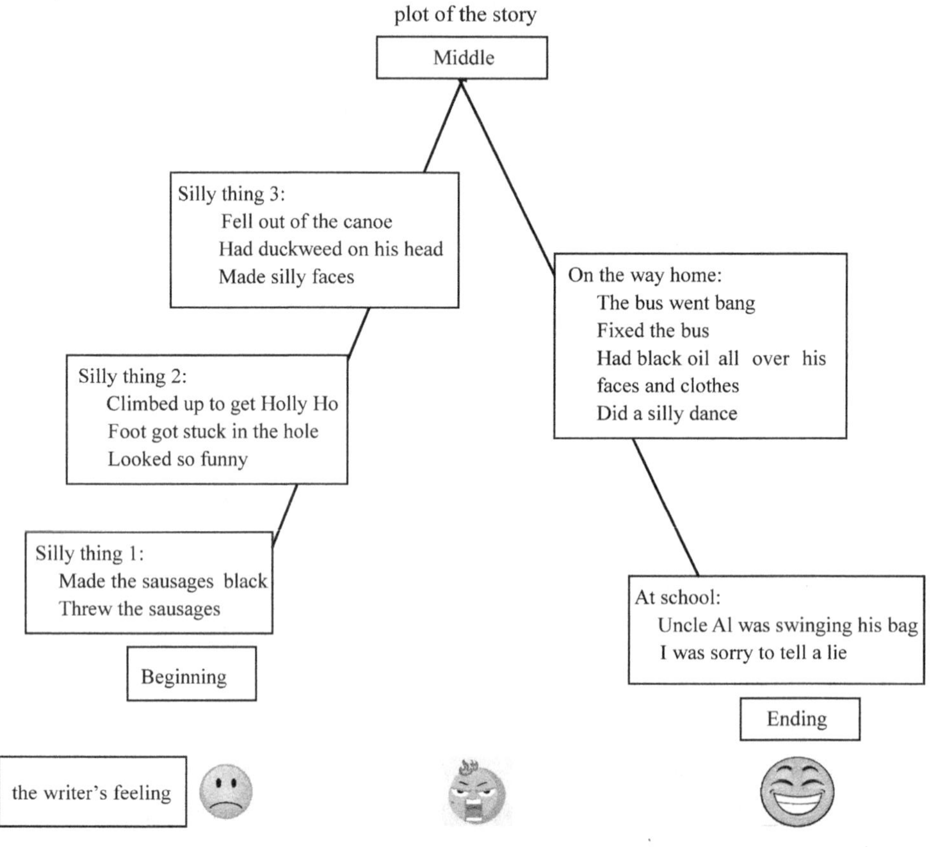

图 4-10 学生对文章进行的情节及人物情感梳理

(二)实践与指导

1. 教师示范与指导

在本节课前，教师曾播放过国内外读者剧场的相关视频，学生们对读者剧场有了初步的认知。在本节课开头，教师选取绘本中的一页，给学生做示范与讲解：(1)断句及角色分配讲解：本班共有6个小组，每个小组为6人。因此，我们将台词划分为6部分，并用不同颜色进行标注。将长句进行切分朗读。(2)齐读和重读讲解：需要强调的部分进行齐读和重读，并用大写及下画线进行标注。(3)动作及表情讲解：根据故事情节，加入适当的动作及表情，更好地体现故事的情节特点。

在讲解的过程中，教师邀请部分学生进行朗读及动作的示范，使学生对读者剧场有了初步的认识，随后教师出示了读者剧场的评价标准，引导学生关注读音、断句及合作交流，同时学生们可以根据本组的实际情况加入动作及简单的道具。

2. 学生自选场景，小组排练

(1)出示场景

在出示读者剧场的评价标准以后，教师展示了整本书出现的六个场景。小组成员相互讨论，选取自己最喜欢的场景进行排练。六个场景如下：

• 刚刚到达露营地，阿尔叔叔在烤香肠，结果烤煳了，便傻乎乎地顺势夹起烤肠扔着玩。其他同学见到这一幕笑得很开心，但“我”却因此感到既羞愧又生气。

• 在小河上划船时，阿尔叔叔不慎跌入河中，他顺势顶着水草在水里做鬼脸。“我”与荷莉坐在同一条小艇上，荷莉笑得很开心，而“我”受到了惊吓。

• 载着同学们的大巴车在返程时“砰”的一声出现了故障，继而停止了行驶。

• 阿尔叔叔修理着大巴车的发动机，他的动作不太雅观。

• 阿尔叔叔凭借自己的力量修好大巴车后，带着一身脏兮兮的机油回到大巴车上，并开始手舞足蹈；此时同学们都在欢呼鼓掌，只有“我”躲了起来，显得有些羞耻和不好意思。

• 回到学校，荷莉与“我”进行着一次对话。远处，阿尔叔叔在甩着他的包，包里的粉红色睡衣都露了出来，他还是一如既往的傻乎乎的样子。

(2)选择场景，改编台词

A组成员快速选定他们喜欢的攀岩的情景，原文文本如下：

Every day something happened. Holly Ho got scared on the rock wall. She wouldn't come down. Uncle Al climbed up to get her. But his foot got stuck in a hole. He looked so funny, he made Holly Ho laugh. Then she came down herself.

A组成员组内划分朗读角色，创作自己的剧本台词，改编后的台词如下：

A: Every day something happened.

All: Happened.

B: Holly Ho got scared—

All: Scared.

C: —on the wall.

D: She wouldn't...

E: ...come down.

F: Uncle Al climbed up,

A: to get her.

B: But his foot,

C: got stuck in a hole.

All: Stuck in a hole.

D: He looked so funny,

E: he made Holly Ho laugh.

All: Laugh.

F: Then she came down,

A: herself.

(3)加入动作及表情

A组成员一边读，一边讨论着需要添加的动作及表情。为了更好地展现当时的情景，小组成员将动作和表情添加如下：

A: Every day something happened.(无奈的表情)

All: Happened.

B：　Holly Ho got scared—

All：　Scared.（害怕的表情）

C：　—on the wall.

D：　She wouldn't…（摇手）

E：　…come down.

F：　Uncle Al climbed up，（加入攀爬的动作）

A：　to get her.（加入台词：I am coming to help you!）

B：　But his foot，

C：　got stuck in a hole.（表演脚卡住的动作）

All：　Stuck in a hole.（加入台词：Oh，no）

D：　He looked so funny，（做出搞笑的表情）

E：　he made Holly Ho laugh.

All：　Laugh.（大声笑）（加入台词：Haha）

F：　Then she came down，（做出下岩石的动作）

A：　herself.（全体鼓掌）

(4)组内排练，完善改进

在添加完动作及表情以后，小组成员进行组内反复朗读。组内英语较好的学生会主动帮助其他学生，纠正他们的发音，并相互提出修改意见。为了更好地复现当时的情景，有的小组将教室的墙壁作为攀岩的场景，很有创造力。

(三)展示与评价

在小组排练之后，六个小组分别进行了读者剧场的展示。在展示之前，教师强调学生认真观看并评价。随后，六个小组按照场景的顺序分别展演，学生声情并茂地朗读台词。有的小组将座椅搬上讲台，模拟校车场景。有的小组模仿阿尔叔叔跳舞，赢得了其他小组及听课老师的阵阵掌声。

每一个小组表演结束之后，老师都会邀请其他组的学生进行点评，学生在肯定其他组优点的同时，提出的意见如下：个别同学的声音小，不能完全展示作者的心理；有的小组齐读的部分可以再读整齐一些；阿尔叔叔的扮演者有点羞涩，与原文中阿尔叔叔的形象有所出入，下次可以表现得更夸张一些；小组内的“司机”可以再添加一些台词，比如“Who can help me?”，以更好地表现出校车坏了之后的焦急心理。

在读者剧场全部展示、评价完毕后，教师将其中一个场景的图片放大，邀请学生仔细观察荷莉和“我”对待阿尔叔叔落水后的不同态度与面部表情，并提出问题：二人的态度有什么差别？在学生回答出“我”觉得阿尔叔叔很“annoying”，而荷莉却觉得他很“funny”后，教师追问：二人态度截然不同的原因是什么？你赞同谁的观点？你对阿尔叔叔有什么其他的态度？由此引出本课的德育教育主题：在与他人相处的时候，我们应该更加客观、公正、全面地看待他人，而不是被偏见所裹挟，对他人做出狭隘的评价。此时，德育教育目标得以落实。

六、*Uncle Al Goes Camping with Us* 读者剧场剧本

<table>
<tr><td colspan="4">Uncle Al Goes Camping with Us</td></tr>
<tr><td rowspan="2">原始文本体裁</td><td rowspan="2">虚构类绘本</td><td>角色数量</td><td>5—7 个</td></tr>
<tr><td>适用年龄</td><td>12—14 岁</td></tr>
<tr><td>蕴含主题</td><td>客观评价他人</td><td>时长</td><td>约 10 分钟</td></tr>
<tr><td>角色</td><td colspan="3">Uncle Al, “I”, Holly Ho, Bus driver, Other students, Narrator 等</td></tr>
<tr><td>道具</td><td colspan="3">自己戴的棒球帽和围巾——头盔和安全装置
椅子靠墙，站在椅子上扒住墙——模仿攀岩场景
撕成长条的纸片，底部用胶条粘起来——水草
用水笔把卫生纸涂黑，将卫生纸贴在身上——模仿浑身被机油弄得脏兮兮的阿尔叔叔
带配饰的笔袋——阿尔叔叔的背包</td></tr>
<tr><td colspan="4">Scene 1</td></tr>
<tr><td>舞台站位</td><td colspan="3"> 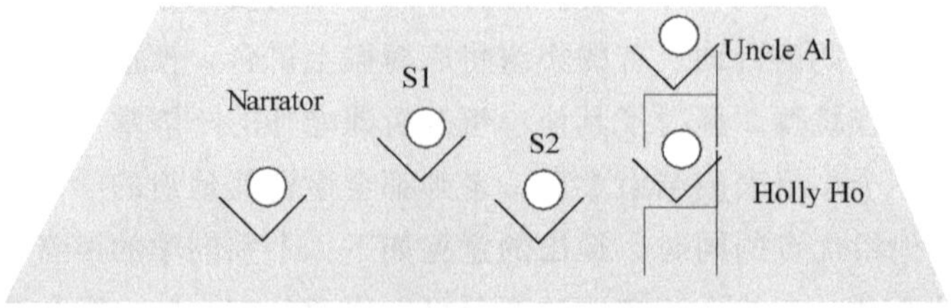Uncle Al
Narrator
S1
S2
Holly Ho</td></tr>
</table>

续表

Narrator:	Every day, something—
All:	Happened!
Narrator:	Holly Ho got scared on the rock wall. She couldn't come down.
Holly Ho:	Who can help me?（惊吓状）
All:	Be careful! Don't look down!（学生指向荷莉，表现出害怕的样子）
Narrator:	Uncle Al climbed up to get her.（阿尔叔叔爬上椅子去救荷莉）
Narrator:	But his foot got stuck in a hole.（阿尔叔叔抬起一条腿，挂在墙上）
Uncle Al:	Oh no!
All:	He looked so funny.（大笑）
Narrator:	He made Holly Ho laugh.（荷莉大笑起来）(此时阿尔叔叔仍在墙上，一副傻乎乎的模样）
Holly Ho:	I am all right now.（从椅子上下来） （阿尔叔叔挠了挠头，也下来了）
Scene 2	
舞台站位	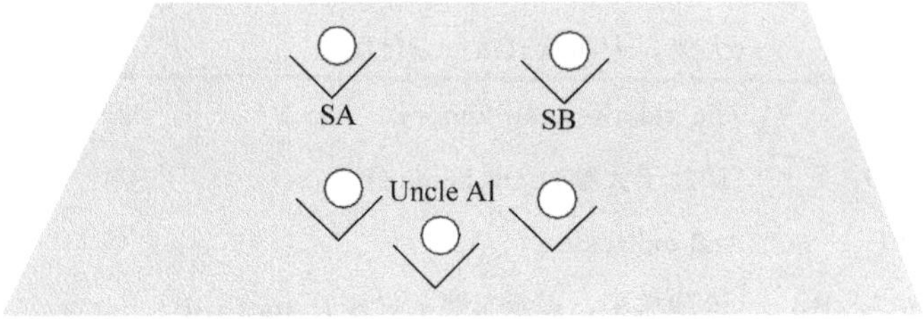 SA　SB　Uncle Al
All:	（每个人都在做划船动作）Uncle Al fell out—
Student A:	Of the canoe.（阿尔叔叔摔倒在地，表现出掉入水中的样子；A同学趁机往他头上撒上绿色纸片，表现出顶着水草的样子）
Uncle Al:	（做在水中扑腾的动作）Help me!!
Student B:	（无奈地）And he was making silly faces.
Uncle Al:	（做了好几个鬼脸）Oh—Yeah—Wow!
All Students:	（大笑，表现出被逗笑的样子）Haha! Look at him!
Holly Ho:	（睁大眼，好奇地）Is he your uncle?
I:	（摆手，拒绝状）He wasn't my uncle! I just brought him, so—

续表

All:	We could go on camping.（此时阿尔叔叔仍在地上划水，一副傻乎乎的模样）
Scene 3	
舞台站位	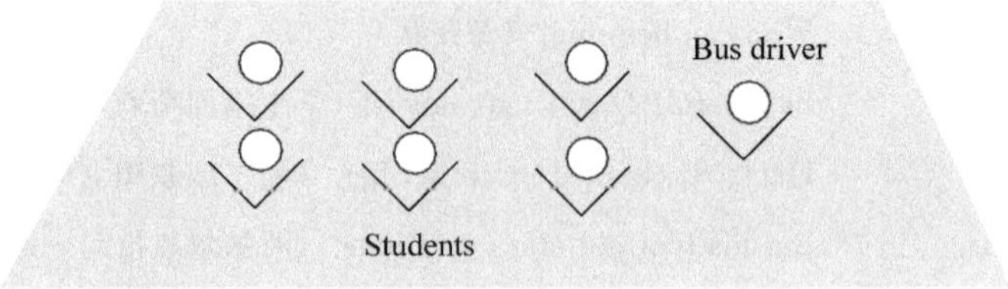 Bus driver Students
Student A:	（学生饰演的公交车在缓慢前行）On the way home, the bus went…
All:	BANG!!!（所有学生突然停止，表现出汽车坏掉紧急刹车的样子）
Student B:	（司机走到队伍最后，做出检查引擎的样子）The bus driver looked in the motor.
Bus driver:	（惊讶地）Oh! There's something wrong with our bus.（抱住头，挫败地）I can't fix it!（右手掏兜，表现出掏手机打电话的样子）I will have to call somebody to help. We will have to wait.
All students:	（大哭，大叫状）Oh—no!!!
Student C:	The kids were all hungry.
Student D:	（揉肚子大喊）I am hungry!
Student C:	And exhausted.
Student A&B:	（含胸摊手，表示很累的样子）I am tired!
Student C:	Some even started to cry.
Bus driver:	Who can help me?（焦急地）
All students:	Who can help us?（跺脚、揉眼、大喊，表现出十分焦急的样子）
Scene 4	
舞台站位	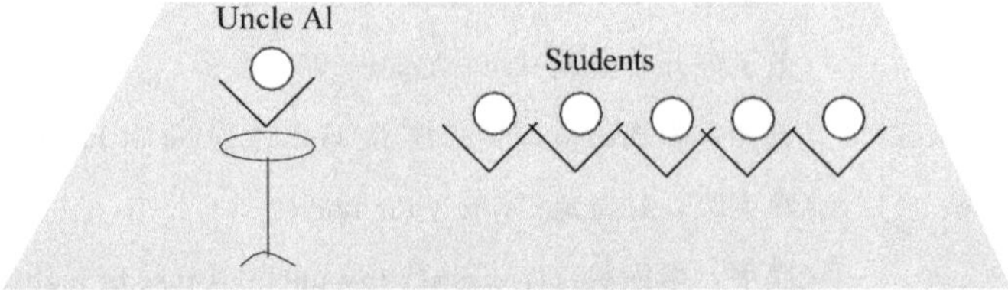 Uncle Al Students
Student A:	Uncle Al jumped up.（阿尔叔叔随之跳了起来）

续表

Uncle Al:	I will fix the bus. Don't worry!（大拇指一刮鼻头，表现出胜券在握的样子；随后走到讲台后面，跪在地上撅起屁股表现出修车的样子）
All students:	Wow!
Student A:	No, no! Don't let him!（表现出非常拒绝的样子）
Student B:	（指向趴在讲台后撅着屁股的阿尔叔叔）But Uncle Al was already looking in the motor.
Student C:	We could hear banging…（阿尔叔叔在地上做出大声爆炸的音效）
All students:	And tapping, tapping, tapping.（阿尔叔叔在地上做出频繁的敲击音效）
Student D:	I hid under the seat.（"我"缩在自己的座位上，尽量不让别人注意到自己）
Student E:	（激动地）Uncle Al would do something crazy! I knew it!
Student A:	He is so silly!（在自己的太阳穴部位转动手指）
Scene 5	
舞台站位	Students Uncle Al
Student A:	Uncle Al got back on the bus.
Uncle Al:	Haha!（扭着身体）
Student B:	He had black oil—
All:	All over.
Student B:	His face and hands and clothes.
Uncle Al:	I fixed it!!（大声地）
Student C:	Everyone clapped.（除了 D 学生，所有人做鼓掌状）
Student D:	When you clap, Uncle Al, he puts on a show.（一动不动）
Uncle Al:	（跳起傻乎乎的舞蹈）
Student E:	And that's just what he did.
Student A:	He did a—
All:	Silly dance—

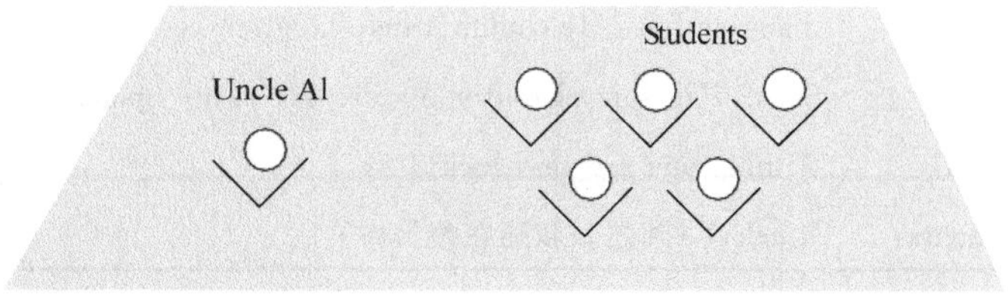

续表

Student A：	Right there in the bus.
Scene 6	
舞台站位	S1 S2 Holly Ho I Uncle Al
Narrator：	When students go back to school—
Student A：	What do you think of Uncle Al?（此时阿尔叔叔一蹦一跳，甩着书包）
Student B：	I think he is very funny!（笑眯眯地看着阿尔叔叔）
All students：	Yes! Really funny!
Holly Ho：	He is your uncle，isn't he?
Narrator：	The boy looked at Uncle Al. He was swinging his bag. His pajamas were hanging out. He couldn't help laughing.
I：	Yes. I'm sorry I told you a lie. He is my uncle.（小声地）
Holly Ho：	I think you are very lucky!
All students：	Lucky!（阿尔叔叔还在傻笑中）

七、教学反思

相对于传统的戏剧教学，读者剧场没有服装及灯光的要求，更易于教师操作，可以更有效地利用课堂时间进行朗读训练。将读者剧场运用于本次虚构类整本书阅读课中，首先提高了学生们英语阅读的积极性；其次，学生在朗读表演中，不断思考故事中的人物性格特征，提高了学生的思辨能力，有利于文本主题意义的深化；最后，通过组内朗读排练，提高了学生们的团队合作意识。总之，在本课中，读者剧场切实地将英语听、说、读、写、看的技能融为一体，有效地发展了学生的各项技能；同时提高了学生的课堂参与度及整本书阅读的兴趣，发展了学生的综合语言运用能力，提升了英语学科核心素养。

在本课教学过程之后，教师也对自身授课的一些不足进行了反思。首先，在讲解读者剧场断句阶段，授课速度必须要慢下来，步骤要讲解清晰，尤其是对那些没有过硬的读者剧场实践基础的学生。不仅要一句一句地讲述如何断句，还要花费一定时间让学生进行小组形式的演练，这样他们就不至于对自己是在做读者剧场还是在单纯的演戏产生混淆。另外，教师要以身作则，鼓励学生使用夸张的肢体语言、表情甚至加入音效来增强演出效果。本次课中，有两个小组的成员文静内向者居多，这两个小组的剧本改编相当成功，但最后呈现出来的演出效果有些收敛。当然，这也要经历长时间的打磨、练习才能达成相对令人满意的效果。总之，一以贯之，久久为功，期待读者剧场的持续使用能够让学生更加敢说英语、爱学英语。

（授课教师：北京市房山区第四中学　林岩）

八、专家点评

在读者剧场的舞台上绽放

本教学案例是该授课班级的学生们进入中学后初步体验以读者剧场形式参与绘本教学的实践探索。通常情况下，教师在确定读者剧场的原始素材时，需要遵循五大原则：(1)丰富的对话；(2)含有一些动作；(3)含有令人捧腹大笑的场景；(4)有生动的描述；(5)有多个角色。授课教师很好地把握上述特征，选择了学生感兴趣的内容(露营)，控制了剧本素材的文本难度(387 个词)，为此次读者剧场活动顺利实施奠定了基础。

在准备与铺垫阶段教师设计了系列阅读活动，引导学生探究并理解所选文本中蕴含的主题意义。例如：学生们通过观察绘本封面，预测和阿尔叔叔去露营的故事内容；通过细致阅读，获取并梳理阿尔叔叔和作者去露营的故事信息，总结归纳阿尔叔叔的各种行为；通过小组阅读，分析阿尔叔叔的性格特征及作者对阿尔叔叔的情感变化等。这些铺垫引导着学生从文本话题、文本体裁及文本主题意义进行了更深层次的解读，为下一步剧本编写注入了养分。

教师在实践与指导阶段的细致工作尤其让人印象深刻！从分小组定角色到截取片段示范如何改编剧本，从台词划分到用不同颜色进行标注，从齐读和重读讲解到用大写及下画线进行标注，从理解故事情节到加入适当的动作及表情，学生在教师如此耐心细致的指导下必然充满信心地大胆尝试自主创作。相信所有读者会和我一样，也有在自己课堂小试牛刀的冲动。可以说，操作性很强！特别可贵的是，教师在邀请部分学生进行朗读及动作示范的时候出示了读者剧场的评价标准，这也让学生有章可循，逐步学会有意识地用标准来指导自己学习，真正落实了教学评一体化的重要理念，也助力学生在被评价者和评价者两个角色交互转换的过程中实现学习能力、语言能力、思维品质等各方面的逐步提升。

相信学生在认真、专业、充满爱心的教师引领下，一定能够在英语课堂上体验到更多新颖和充满创造力的挑战性任务，收获不一样的精彩瞬间。

（北京市八一学校　史小鹋）

第六节　珍惜曾经拥有

——家庭故事读物 *The Wonderhair Hair Restorer* 读者剧场教学

一、引言

The Wonderhair Hair Restorer 全书共计 1016 个单词，体裁属于故事类读物，为外研社《阳光英语分级阅读第 12 级》，适合初二年级学生使用。该系列书目是中国英语阅读教育研究院推荐的中小学生英语分级阅读图书。本书作者 Tandi Jackson 来自新西兰，擅长为儿童创作故事。代表作有 *The Secret of Kiribu Tapu Lagoon*，*The Grumpies*，*My Brave Teddy Bear*，*Easy-Peasy* 等。此次故事类整本书读者剧场教学选择在每周一次的校本选修课堂进行实践，因学生来自不同年级和不同班级，他们平时接触的机会十分有限，故采用了线上线下融合、课内课外融合的方式进行操作。

二、文本解读

(一)文本话题与主要内容

The Wonderhair Hair Restorer 讲述了一个被脱发问题深深困扰的爸爸和他女儿之间的故事。女儿对爸爸的生发剂做了手脚，本来想帮助他，结果爸爸用了新的生发剂以后头上长出花草，而且越拔越多，遭到了同事的嘲笑，还吓跑了路人，他非常苦恼。于是女儿又调制了解药，给他的头顶除草。故事最后，爸爸虽然只是变回秃顶，但是心境已然转悲为喜。

(二)主题意义与教育价值

故事取材于现实生活中的常见问题，容易让学生产生共鸣，同时这种现实主义中又增加了“魔幻”因素——爸爸的头上长出花草。作者丰富的想象力给故事增加了趣味性，又以十分戏剧化的手段表达了主题。

故事结尾耐人寻味，教师可引导学生思考故事的多重寓意：人们总是在失去后才会珍惜曾经所拥有的，我们应以积极的心态面对生活；家人的关爱使我们感受到生活中更重要、更值得珍惜的东西。

(三)体裁特征与语言特点

本书在语言上的一大特色是使用了大量动词和表达情绪的形容词以及名词，生动地描述了女儿调制生发剂的过程，以及爸爸情绪的前后变化，读起来非常有画面感，也凸显了情节的曲折性。教师可引导学生找出及鉴赏这些动词、形容词和名词，并用这些词语复述故事，学会迁移运用。此外，书中还有大量对话，适合让学生在课堂上进行读者剧场表演。通过展示过程，进一步体会文本中人物的心理情感。

三、学情分析

本期读者剧场校本选修课程的学生来自北京市八一学校初一年级和初二年级，参与课程的学生共计 20 人，只有两位学生之前在六年级接触过读者剧场(八一学校校本选修课程，相同教师授课)。他们对英语学习有一定的自信和热情，英语基础相对较好，且课堂参与度比较高。为避免给学生带来不必要的课业负担，每个任务基本在一个小时的课内时间完成。

此次采用的文本比较特殊，学生第一回尝试整本书阅读，文本篇幅较长，为了保证活动效果，故分三个阶段完成：一是以导读课形式自然呈现整本书阅读教学起点，通过多种途径让学生整体感知文本内容，保证学生后续的阅读都是在整体情境下进行，体现语言学习的整体性和综合性；二是给学生充分的时间，进行文本深度阅读和研讨，完成任务分配并进行初步设计；三是利用课后时间完成剧本编写及各个人物的塑造后在第三次课堂上展示。

四、教学目标

通过此次整本书读者剧场教学活动，学生能够：

1. 借助文本标题、图片等信息预测故事内容、主题与结局；找出关键词汇，准确理解人物情感变化并体验语言之美；依托 SWBST 表格提取文本重要信息，学习虚构类小说的概述方法；合作探究文本主题意义并联系自身生活实际谈论感受和体会。

2. 以读者剧场为载体，在原有故事情节基础上，将自身对整本书的理解和阅读感受充分体现在创编的剧本里；在自主排练过程中，确保人人有事做、事事认真做，在交流分享中互相激励、共同进步。

3. 以分组展示排练成果为契机，在朗读和表演过程中尽情表现一切情感，感受逐渐融入角色的快乐和来自团队的力量；在评价和分享中收获再出发的能量与方向。

五、教学流程

本次 *The Wonderhair Hair Restorer* 读者剧场教学实践活动主要分为准备与铺垫、实践与指导、展示与评价三部分(见图 4-11)。

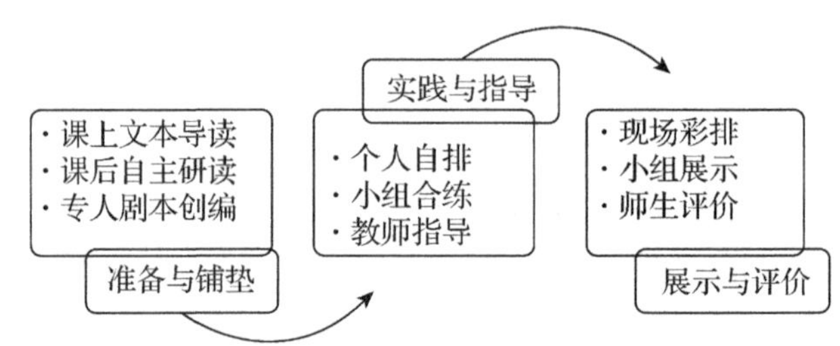

图 4-11 *The Wonderhair Hair Restorer* 读者剧场教学流程

(一)准备与铺垫

在开始本次融合式读者剧场教学之前，授课教师已在第一课时完成了读者剧场导读课的任务。学生对这种活动形式有了初步了解之后，教师进行了歌谣、诗歌、绘本类的尝试，学生有了一定基础。此次选修课程是教师第一次尝试用整本书进行读者剧场的创作和表演。为了让学生在深度理解和感知文本的基础上进行剧本创编和排练，授课教师设计了共三个阶段的系列活动。第一阶段准备与铺垫，安排了两个部分的内容。一是导读课(其流程见图 4-12)，其目的在于为学生后续主动、持续且深度阅读奠定基础。导读课在提高学生整本书阅读实效性方面有独特的教育价值，它能有效激发学生的阅读兴趣，树立学生的阅读信心，促进学生对文本的整体感知，为学生后期创编剧本和表演做好扎实的铺垫。二是自主研读与剧本创编部分。整本书共计 25 页，在第一节导读课上师生从四个维度共读 12 页，所以学生们已经对故事发展脉络和情感线有了大致了解；第 25 页为词汇表；剩余的 12 页内容作为课后自主阅读任务布置给学生，这12页中呈现了故事的高潮部分，办公室的同事和街道上的路人以及回到家后妈妈略显夸张的反应让爸爸彻底绝望，情绪跌到低谷，心里产生了极大的波澜，这也为故事结尾部分爸爸又回到秃顶时反而开心地笑起来埋下了伏笔。

第一节导读课内容导读环节通过开篇和结局的反差制造悬念，激发学生进一步深入阅读的兴趣；学生开始关注作者在塑造人物时通过巧妙运用词汇带给读者画面感，并且在课后阅读任务单(见表4-2)的引导下进一步梳理故事发展脉络，揣摩导致人物心理变化的各种因素，进而充分理解人物的行为和转变。

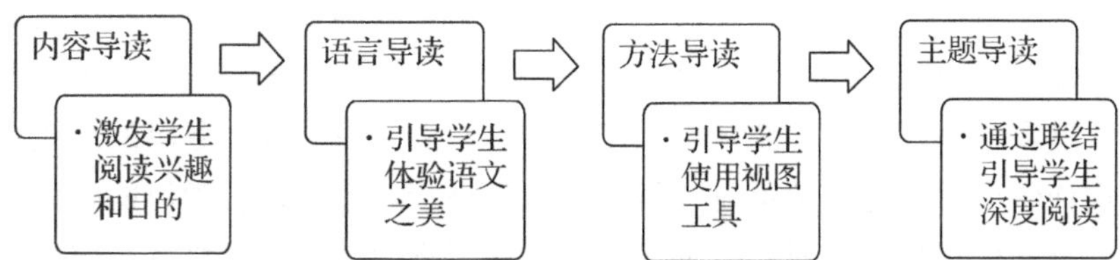

图4-12　*The Wonderhair Hair Restorer* 读者剧场教学第一阶段导读课流程

表4-2　课后阅读任务单

Scenes	How others reacted	How Dad felt
In the office	Dad's colleagues:	
On the way home	Passers-by:	
Back at home	Mom:	

在完成自主阅读和任务单后，负责剧本创编的学生开始创作。关于这个话题，在前期针对短小语篇进行创作剧本时，教师通常只给出一些基本要求。因为处在初级阶段，学生们没有接触过类似文体的写作，且七年级的学生刚刚学习单元主题的语篇仿写，上选修课的学生们学业水平也参差不齐，不能提太高要求。教师会建议各组学生在“破冰”后先做一些沟通，彼此了解一下相互的英语学习兴趣、爱好和能力点。这一过程中教师穿插观察，基本学情便可以掌握。而后建议推举有号召力、组织力的学生担任组长，语言能力强的学生担任编剧。执行一段时间后，大家在熟悉流程的基础上再进行角色互换，提升不同

维度的能力。剧本创编时，重点考虑所有人的角色分工；表演时结合语言内容，每个角色的站位、声音、表情等的设计以及彼此之间的配合不做更深层次的要求。待经过一两个周期的训练后，可深入文本，挖掘主题意义与价值，基于人物设定，通过背景音乐、视频图片、服装道具等因素来丰富表现力，提升美感。操作过程中，先由小组负责人建立一个微信群，邀请指导教师加入。负责创作剧本的学生在指定时间内将剧本发至群中，学生和指导教师再分别给出修改建议。

(二)实践与指导

为避免给学生带来不必要的课业负担，指导教师设计在一星期的周期内完成所有任务(实践节点见图 4-13)。以导读课形式自然呈现整本书阅读教学起点，通过多种途径让学生整体感知文本内容；以课后阅读任务单的形式引导学生，保证学生后续的阅读都是在整体情境下进行，体现语言学习的整体性和综合性；以微信群的方式对学生创编的剧本进行指导及分角色排练，例如所有参与的学生承担的朗读任务是否相对合理，舞台站位是否与表现的内容契合，动作设计是否符合角色身份，道具使用是否合理，等等；以第二节读者剧场校本选修课为平台，交由学生展示与评价。

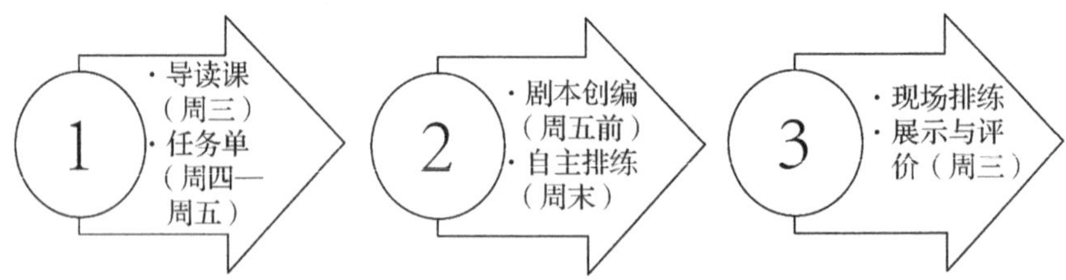

图 4-13 *The Wonderhair Hair Restorer* 读者剧场三个阶段实践节点

(三)展示与评价

展示与评价环节通常由以下几个环节组成：现场彩排(25 分钟)—小组展示(15 分钟)—同伴互评与教师点评(20 分钟)。

参与读者剧场校本选修课程的学生来自不同年级和不同班级，他们在业余时间只能做到自主排练，无法支撑整个作品呈现。要保证效果，必须给各组学生相对充分的时间在现场彩排。一方面要找好站位对词，另一方面要做道具准备以及表情等肢体语言的协调与完善。教师在此期间主要是穿插于各组，进行现场指导、录像准备并做好笔记，为最后的点评环节记录关键信息。

各小组按照抽签的顺序依次登场。期间，教师做好录像工作，所有人都以观众的身份认真欣赏和观摩作品，做好笔记，为后面的交流做好准备。在这个环节中，教师要特别注重对学生文明观演的教育，既要做到悦纳自己的不足，也要学着眼中有光地欣赏他人。

评价时，学生遵循“Three Stars，One Wish”的原则，真诚且充分地发表各自的观点。通过分享，不仅让参演的学生切实感受到来自观众的关注、认可，获得成就感，更能够收获真实而有针对性和建设性的意见，为下一次作品的完美呈现提供有力支撑。指导教师可通过录制的视频，一边“复盘”，一边补充自己的意见，提供更专业、更系统的指导，为学生今后的展示指明努力的方向。

六、*The Wonderhair Hair Restorer* 读者剧场剧本

<table>
<tr><td colspan="4">The Wonderhair Hair Restorer</td></tr>
<tr><td rowspan="2">原始文本体裁</td><td rowspan="2">故事</td><td>角色数量</td><td>7 个</td></tr>
<tr><td>适用年龄</td><td>10—14 岁</td></tr>
<tr><td>蕴含主题</td><td>珍惜所拥有的、积极面对生活</td><td>时长</td><td>4—6 分钟</td></tr>
<tr><td>角色</td><td colspan="3">Narrator 1，Narrator 2，Narrator 3，Narrator 4，Dad，Mom，Charlie</td></tr>
<tr><td>道具</td><td colspan="3">椅子六把、镜子一面、笔</td></tr>
<tr><td>舞台站位</td><td colspan="3">N4　Charlie
Mom　N1　Dad　N2　N3</td></tr>
<tr><td colspan="4">Scene 1：At home</td></tr>
<tr><td>Narrator 1：</td><td colspan="3">No one was allowed to mention it，but there was a big，shiny patch on the top of Dad's head where he was going bald. Every morning，he wailed standing in front of the mirror.</td></tr>
<tr><td>Dad：</td><td colspan="3">（站在镜子前抓狂）I'm getting old and losing all my hair.</td></tr>
<tr><td>Mom：</td><td colspan="3">（递过 Wonderhair）Honey，have a try on this hair restorer. This is the gift for father's day. I promise your hair will be restored.</td></tr>
</table>

续表

Narrator 1：	(Dad 动作同上)Dad rubbed the wonderhair hair restorer on his scalp，but it never worked.
Dad：	(仔细搜索，寻找头发)Oh，my god. No hair is restored. It's a rip-off.
Narrator 1：	Dad's disappointment was massive. He grew quiet and sullen.
Charlie：	(思考)Dad is so upset these days，so I should do something to help him. Oh，look，I found fertilizer，crushed grass and lime and oil in the garden shed. (把东西倒进瓶子里)Oh，it smells stinky. (喷香水)I'd better mix them up and add a dash of perfume to camouflage its foul smell.
Narrator 1：	The next morning，Dad came rushing out of the bathroom clutching his head.
Dad：	(愤怒)Who's been tampering with my hair restorer?
Charlie：	(无辜的眼神) What?
Dad：	(愤怒) You know what! Now I not only look old，but I smell like a compost heap.
Narrator 1：	The next morning，they were all in for a great surprise. There was something different about Dad. Stubble had appeared on his bald patch—green stubble.
Charlie：	(努力寻找开脱的借口) Well，green hair is better than no hair.
Dad：	(瞪眼)What did you say? How can I go to office? Oh，my god. Every one will laugh at me. Everyone will make fun of me.
Scene 2：At lunchtime in the office	
Narrator 3：	(嘲笑状) You look so different today!
Narrator 4：	(嘲笑状) Isn't it time you had your head mowed?
All：	(嘲笑状，全都回头看 Dad) Hairy，Hairy，quite contrary，how does your garden grow?
Narrator 2：	Ms. Primrose，Dad's secretary，got out her scissors and cut a lovely bunch of daffodils for herself.
Narrator 3：	(伸手剪花，开玩笑状) I think they're absolutely lovely. How clever you are，George! I wish my Robert could do something clever like that. All he can grow are warts.

续表

Narrator 2：	Everyone roared with laughter.
All：	（疯狂大笑状）
Narrator 2：	（Dad 绝望地拉扯自己的新头发，跌跌撞撞地走向门口，撞翻了垃圾桶）Poor Dad didn't know what to do. In desperation, he tore at the plants on his head, but the more he pulled out, the faster others seemed to grow. Soon his whole head and face were so completely covered that he couldn't see.
Charlie：	（想笑但不敢笑）Hi, Dad. Let me help you find the door…
Dad：	（盛怒）Get me out of here. This is all your fault. Take me home!
Scene 3：In the street	
Narrator 1：	（一手捂嘴，震惊）A portable garden. Whatever will they think of next!
Narrator 2：	（用面对三百万张数学试卷的恐惧眼神盯着 Dad）It must be a triffid! The day of the triffids has arrived.
Scene 4：Home again	
Mom：	（震惊、恐惧）What on earth have you brought home this time!
Charlie：	（尴尬）It's OK, Mom. It's only Dad.
Narrator 2：	Charlie rushed to the garden shed to get the hedge clippers. By the time he returned, Mom had recovered from her shock.
Mom：	（伸手阻拦）Wait. Before you start cutting, let me pick some of those beautiful dahlias.
Dad：	（愤怒推人）Get off.
Mom：	（Charlie 开始剪）All right, George. Keep calm! It seems a pity to waste such beautiful flowers!
Dad：	（高声警告）Be careful with those things.
Charlie：	（剪 Dad 头顶上的花草）I'm being really careful. Don't worry.
Narrator 2：	At last, we found Dad. Charlie shaved the last few stalks from his head. Mom and Dad sat down to a cup of tea, while Charlie loaded a wheel-barrow with all the cuttings.
Charlie：	（朝 Dad and Mom 喊话）I'm dumping the rubbish on the compost.

续表

Mom:	(惊惧万分) Charlie, Dad's garden is growing again!
Charlie:	(无奈，冥思苦想)I have to do something to help Dad.
Narrator 2:	(Charlie 搅拌一大堆药水)Charlie went back to the garden shed, and mixed up a fine antidote and took it inside.
Dad:	(警觉地，大声警告)I'll never use it. I'd rather the stubble grew again.
Charlie:	(试图劝说)Dad, your hair is smelly! A good idea came up with me. Please let me try!
Dad:	(翻白眼之类的动作，表示无奈)OK, do whatever you like.
Narrator 2:	Charlie rubbed on the antidote.
Charlie:	(自信) Now, all we have to do is wait and see if it works.
Narrator 2:	The next morning, when charlie woke up, he ran into Mom and Dad's room, praying that his antidote had worked.
Dad & Mom:	(两人激动地站起来，双手相握)Oh, my darling. Isn't it wonderful? I'm bald again!
All:	(所有人热烈鼓掌表示祝贺)

七、教学反思

经过第一次整本书读者剧场活动的实施，可以看到学生的朗读兴趣、积极性、朗读能力与朗读体验有了很好的提升。参与读者剧场活动后，学生朗读时不再求快求准，而是根据自己对文本和人物的理解，设计朗读重点，通过声音变化塑造人物并传情达意。用学生的话说，“以前从来没想过朗读也可以这么有趣。之前的朗读只能叫作‘读’，而现在则是有感情地朗读”。课后的调查结果显示，95% 的学生认为读者剧场为他们提供了更多展示自我的机会，提高了学习英语的兴趣，锻炼了舞台表演的综合能力，让自己变得更自信、更勇敢。这种合作朗读模式也增进了学生之间的感情和相互了解，增强了学生之间的信任、欣赏和尊重。

借助这个文本，教师还实现了在选修课堂上有意识地渗透英语学科核心素养的教学目标。在语言能力方面，文本中有与主题意义表达相关的关键词语。例如在故事开始描述父亲被脱发问题困扰时用到了“No one was allowed to mention it" "wailed every morning" "upset" "Dad's disappointment was massive." "He grew quiet and sullen."；在描述主人公一系列动作的表达方式时，作者通过"sneaking" "stole" "went out" "mixed up" "added" "empty" "fill up" "pleased" "returned"等动词为读者勾勒出一幅小主人公 Charlie 跑到花园里帮助爸爸配药时生动的画面；等等。

在语言技能方面，教师可以兼顾理解性技能和表达性技能的培养。在完成阅读任务单时，教师可以让学生通过在所给图片相应位置填写词语以及左右连线等形式，根据上下文线索或非文字信息推断词汇的意义。在阅读任务单填表格的过程中，一方面引导学生在听、读、看的过程中有选择地记录所需信息，另一方面学习用文本中的信息支撑观点，培养学生逻辑性思维的意识与能力。在初步梳理故事情节后，通过情境创设，引导学生清晰地描述故事发展脉络，并进一步理解在每一个情景背后主人公的心理变化和内心独白。同时，通过不同场景的设置让学生转述故事。例如父亲的头发最终还原到本来的状态，教师可设计爸爸与妻子、女儿、同事或是闻讯采访的记者描述这一魔幻经历的场景。

在学习能力方面，文本的阅读过程和读者剧场活动能培养学生一定的阅读策略并将这些策略综合运用(见表 4-3)。

表 4-3　阅读策略及其综合运用

阅读策略	可设计的学习活动
预测	借助标题、封面和插图预测故事内容
思维可视化	借助文本插图理解文本内容和意义，读前、读后活动均使表达方式可视化
自主提问	根据读后理解，引导学生提出读者视角的问题，与文本和作者主动对话
建立联结	结合自己的生活经验理解文本，并形成个性化理解和评价

文本的故事主线清晰，情节也不复杂。教师通过思维可视图培养学生提取信息、概括信息的思维能力。教师可以引导学生基于文本信息分析人物性格以及文本的主题意义，培养学生分析、评价、创造等相关思维能力。例如：教师可以引导学生提出审辩式问题，在课前整理后组织学生与作者或文本对话，探讨故事希望传达的道理。在故事学习结束后，教师还可以通过问题抛出课后任

务，引导学生续写下一个篇章，为一家三口创编一个新的章节，从而提升学生的创造力、想象力和表达力。

在一周的学习过程中，教师设计了多样的课堂讨论、课后自主阅读与创编剧本以及作品分享交流活动。这些活动多以学生合作探究的学习方式来进行。与传统的英语朗读形式相比，读者剧场更能提升学生的朗读动机与朗读能力，特别是能促进学生对文本的深刻理解以及团队合作的能力。需要特别注意的是，在实际操作过程中，教师需要起到示范引领、监督反馈的作用，同时还要兼顾课内外选材、师生创编台词以及朗读与表演之间的平衡。

（授课教师：北京市八一学校　史小鹃）

八、专家点评

读者剧场中英语阅读素养的融合发展

本教学案例为读者剧场在中学绘本教学中的实践探索，实践教师精选具有教育价值的分级读物，设计围绕主题意义的阅读活动、基于绘本故事的读者剧场排练活动，以及读者剧场展示评价活动。本教学实践对学生发展的积极作用主要体现在以下四个方面。

第一，促使学生深刻理解绘本主题意义。学生参与读者剧场活动时基于对绘本故事情节、人物和主题意义的理解，运用不同的语气、声音、音量、重点、语气等，塑造人物形象，表达情感态度，渲染故事氛围。因此，读者剧场促使学生更为深刻地理解绘本语篇及其呈现的主题意义，与此同时，学生能够体验绘本带给自己的思考以及对事物的态度与判断，有助于落实发展核心素养的教学。

第二，提升学生口语能力与表达流畅度。排练是读者剧场实践过程中必要的环节，学生与同伴共同练习的过程中，关注语言的精准表达，不断提升口语能力和表达的流畅度。本实践案例中特别提到学生在读者剧场活动中关注表达主题意义的语言，在展示活动中基于主题情境以生动、流畅的语言实现主题意义的表达。

第三，增加学生学习的积极性和参与度。从实践教师收集的学生反馈数据可以看出，学生在参与读者剧场活动中很大程度上提升了学习英语的兴趣和学习动机。这一点主要是由于读者剧场为学生提供了展示自我的平台，更为重要的是，学生在整个活动中得到同伴的关注、认可和鼓励，感受到成就感，不断增强英语学习的信心，愿意付出更多的投入，积极参与到更多的口语活动中，形成了良性循环。

第四，落实读写结合与口语活动的联结。实践教师在实践过程中融合关键阅读策略培养，引导学生运用预测、思维可视化、自主提问和建立联结等策略阅读绘本。之后，设计基于阅读的续写、创编剧本等读写结合的任务。最后，读者剧场展示促使阅读、写作、口语三个维度实现围绕主题意义的深度融合。

需要提醒的是，从剧本转化为实际的读者剧场还是有很多需要注意的地方的。从本案例所配备的视频来看，学生所呈现的整体效果很好，但也存在几个问题需要改进。例如：所有演员的台词分配可以再均匀一下，与传统的戏剧不同，读者剧场更强调人人有角色，人人都有一定量的台词，人人全程参与，以促进所有学生的语言发展。此外，在指导学生排练的时候，需要进一步加强不同角色之间的呼应，以达到更加良好的整体效果。

（北京市广渠门中学　郭颖；北京教育学院　徐国辉）

第七节　创造和谐生态

——自然科普读物 *Born to Be Free* 读者剧场教学

一、引言

Born to Be Free（《生而自由》）是外语教学与研究出版社出版的《多维阅读第 13 级》的一本科普类读物，全书约 410 个单词，由王蔷教授及新西兰教学专家 Jill Eggleton 主编。该书介绍了野生动物虎鲸的生存环境和生活习性以及虎鲸被人类捕捞离开海洋之后生活习性的变化。此次科普类整本书读者剧场教学选择在每周一次的校本选修课堂进行实践，因学生来自不同年级和不同班级，他们平时接触的机会十分有限，故采用了线上线下融合、课内课外融合的方式进行操作。

二、文本解读

（一）文本话题与主要内容

Born to Be Free 这本书的主题是“人与动物”，通过介绍虎鲸被人类驯服、

被迫离开海洋的生存现状，引发读者的思考。由于人类捕捞、驯化虎鲸，使之娱乐人类，导致虎鲸离开海洋之后寿命骤减。虽然有人倡议将虎鲸再次放归海洋，但被驯化的虎鲸已经失去了在野外环境中独立生存的能力，已经忘记了如何自由地生活。

(二)主题意义与教育价值

文本表现了“动物生而自由的生命意义，人类应该尊重动物并与动物和谐相处，不捕捉、不驯化动物使之娱乐人类”的主题意义。作者通过介绍野生动物虎鲸本该在海洋中自由自在地生活却被迫离开海洋的情况，引发读者思考人类捕捞、驯化虎鲸使之娱乐人类给虎鲸造成的不可逆转的不良影响，进而引发读者思考人类应该尊重动物并与动物和谐相处。

(三)体裁特征与语言特点

文本共 6 个章节，分三部分介绍虎鲸。第一部分(前两个章节)介绍虎鲸在海洋中的生活状态和离开海洋后的生活状态。第二部分(第三、四章节)介绍了虎鲸在海洋和不在海洋生活习性的变化，以及这种变化给它们带来的不良的影响。第三部分(第五、六章节)介绍人类将虎鲸放回到海洋后，它们却很难再次适应海洋，也无法找到自己的族群。书中举了一个名叫 Keiko 的虎鲸的例子，它因离开海洋太久，失去了独立生存的能力，只能再次被人类饲养，直到 27 岁因病离世。

为了清晰地表达写作意图，作者使用了非虚构类人文科普的体裁。该书具备非虚构文本的特征，包括标题、目录、图画、说明文字、词汇表和索引。它讲述了事实性信息，例如：虎鲸在大海里和被带到水族馆里不同的生活状况、虎鲸的心理变化、虎鲸是否袭击人类、如果放生虎鲸人类需要做哪些准备，等等。除了事实性信息，该书同时探讨了一个有深度、有争议的话题，作者特意选了两个比较极端的例子——一只被逮到水族馆后仅存活了 1 天的虎鲸和大明星虎鲸 Keiko。通过这两个典型的例子，表达观点，号召读者理解动物生而自由。

在时态运用方面，作者在介绍虎鲸的生存环境、生活习性以及生存现状时，主要使用了一般现在时。另外，作者还用一般过去时穿插列举了第一只被捕的虎鲸和虎鲸 Keiko 的例子。

三、学情分析

本期读者剧场校本选修课程的学生来自北京市八一学校初一年级和初二年

级，参与课程的学生共计 20 人，所有学生之前没有接触过读者剧场。大部分学生对英语学习有一定的自信和热情，他们的英语基础相对较好，有学习热情、态度认真，且课堂参与度比较高；小部分学生语言能力相对较弱，存在基础语法不牢固、语言积累不足、获取和表达的信息呈碎片式、表达欠缺逻辑性和连贯性等问题。经过第一阶段五个课时的学习与排练，学生对于读者剧场的形式和内容已有一定了解。大部分学生已经能够跟上教师的指令并且上课专注高效。

在话题方面，学生对动物主题的绘本或语篇比较感兴趣，并且在七年级阅读类教辅资料《常春藤英语》中接触并了解了一些动物居住地、饮食习惯和生活习性等信息；在阅读策略和能力方面，经过一至三个学期的培养，学生们能够在老师和阅读任务单的指导和引领下，利用可视化图表等工具，在文章或绘本的框架提取、细节梳理、主题探究等方面有了一定的能力储备；在体裁方面，此次读者剧场活动是学生初步尝试对科普类整本书的创编与表演，相信对不少学生而言非常有挑战性，需要教师在活动的不同阶段提供实用的支架给予支持。

本学期读者剧场校本选修课程共计十节课，由两位教师共同承担。学生已在第一阶段的五个课时内完成了读者剧场导读课的任务，对读者剧场的形式有了初步了解并且已进行了故事类绘本的实践活动，积累了一定的创编基础。

四、教学目标

通过此次整本书读者剧场活动，学生能够：

1. 获取并梳理虎鲸在海洋以及在圈养状态下不同的生活环境和生活习性变化的基本信息；分析及推断虎鲸在海洋中和在圈养状态下以及在海洋围栏里的不同情感。

2. 以读者剧场为载体，在原有故事情节基础上，将自身对文本主题的理解以及对于“虎鲸到底是否应该被放回海洋”这一问题的思考充分体现在创编的剧本里。

3. 关注人类捕捞、驯化野生动物并使之娱乐人类给动物所带来的不可逆转的不良影响，深度思考人类应该尊重动物并与动物和谐相处的重要主题，以倡议书的形式宣传自觉保护野生动物的理念。

五、教学流程

本次 *Born to Be Free* 读者剧场教学实践活动主要分为三部分(见图 4-14)。首先是读者剧场实践前的准备与铺垫环节。教师以导读课的形式在 THIEVES (Title, Headings, Introduction, Every first sentence in each chapter, Visuals and vocabulary, End-of-article or End-of-chapter questions and Summarize thinking)的引领下及韦恩图等工具的支撑下和学生一起梳理故事情节，内化其语言，最后探讨故事的主题意义。所有学生在课后相关主题视频的辅助下进一步拓展该主题的背景知识，加深对文本的理解。在此基础上，由各组负责创编剧本的学生起草第一稿，后交由组员共同修改完善。第二部分是读者剧场的实践与指导部分。学生以小组为单位在课上进行读者剧场实践，对于共性问题教师集体指导，对于个性问题进行针对性指导，全体成员利用课余时间进行线下自主排练。第三部分是读者剧场的展示与评价环节。首先安排 10—15 分钟留给各组进行最后彩排；之后分小组进行展示，最后小组之间依据评价量表进行互评，教师再对整体情况进行评价并提出建议。

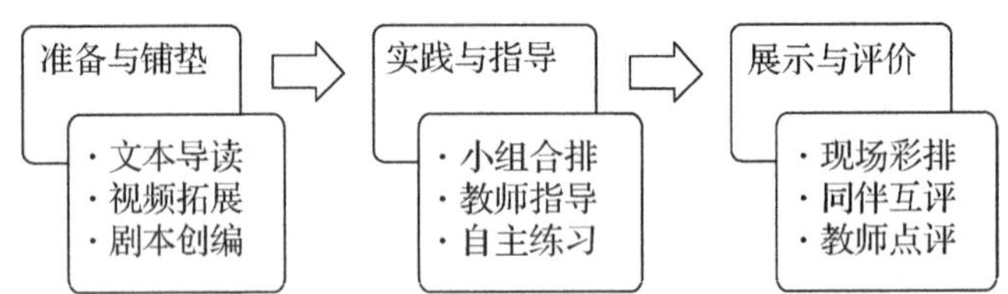

图 4-14 *Born to Be Free* 读者剧场教学流程

本次读者剧场教学实践主要分为准备与铺垫、实践与指导、展示与评价三个阶段。

(一)准备与铺垫

此次教学是我们开设读者剧场选修课程以来第一次尝试用科普类整本书进行创作和表演，计划用时三个课时。为了让学生在深度理解和感知文本的基础上进行剧本创编和排练，授课教师设计了三个阶段的系列活动。第一阶段准备与铺垫安排了两个部分的内容：一是文本导读课，主要目的在于带领学生完成对文本主题、框架、细节等方面的挖掘和梳理。教师设计了不同颜色分块的韦恩图，带领学生阅读第一章和第二章，并梳理出虎鲸在海洋状态下和在圈养状态下的事实性信息；通过提供不同情感的提示词和支撑句，引导学生思考、讨论并分析推断出虎鲸在不同地方的感受与变化，然后用完整的句子将具体细节信息与观点表达连接起来；利用图形组织器，引导学生判断每个章节的要点，进而总结出全书的要点词汇并连词成段，写出全书的概要。二是教师课后提供四段虎鲸主题的视频(黑鲸 Blackfish 的纪录片、虎鲸 Keiko 的故事、《人鱼童话》主角虎鲸 Keiko 的后续故事和虎鲸 Keiko 的野化训练)，帮助学生进一步了解虎鲸的生活习性、生活环境以及虎鲸在圈养状态下的情感变化和与人类之间微妙复杂的关系，同时学生通过虎鲸 Keiko 的故事和野化训练，了解了 Keiko 在海洋围栏里的生活状态和回归海洋的困难。在学生较为深入地理解海洋珍稀动物的生存状态和人类对动物保护的意识、理念、执行力等的基础上完成剧本创编工作。

(二)实践与指导

该环节主要体现在几个部分：一是剧本创编，二是第二节课上的小组合排，三是第二节课后的自主练习(见图 4-15)。

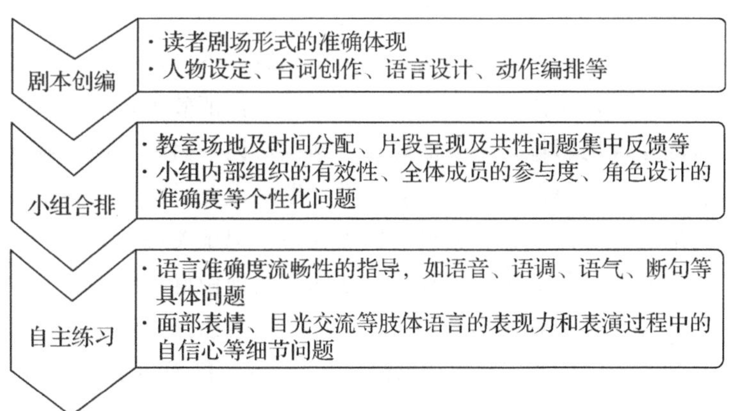

图 4-15　*Born to Be Free* 读者剧场实践与指导阶段流程

操作过程中，先由小组负责人建立一个微信群，邀请指导教师加入。负责创作的学生在指定时间内将剧本发至群中，学生和指导教师分别给出修改建议。好的剧本是读者剧场成败的关键，故教师在这个环节一定要亲力亲为地加强与创作人的互动。例如，在本剧第一稿创编时，创作人把角色设定为两人，分别是参观博物馆的小女孩和讲解员，场景是自然博物馆的鲸鱼标本前。通过二人之间的对话，呈现出文本的主要内容。这种场景怎么看都更像是舞台剧或课本剧的设计，读者剧场的特质并不突出。教师在阅读后与负责人进行了及时沟通，建议她深入挖掘文本主题，首先调整人物设定，将角色改设为一位讲解员与两只虎鲸。讲解员负责场景的过渡，两只虎鲸用第一人称的方式讲述自己的故事，并在不同场景发出自身需要自由的呐喊，以唤醒更多的人关注人与动物和谐共存的价值观。

在合排过程中，教师可在课上重点关注各小组合作的效率和效果，多在组织和执行层面加强指导，确保小组内部组织的有效性、全体成员的参与度、角色设计的准确度等问题能够得到顺利解决，做到第二节课后能出台基本的展示效果。同时，教室场地及时间分配、片段呈现及共性问题集中反馈等细节问题也要在课上落实。在课后自主练习环节，教师更多针对个性化问题进行指导。例如：语言准确度和流畅性方面，语音、语调、语气、断句是否准确、恰当；面部表情、目光交流等肢体语言的表现力和表演过程中的自信心如何加强等。

(三)展示与评价

展示与评价阶段由三个环节组成：现场彩排(25 分钟)—小组展示(15 分钟)—同伴互评与教师点评(20 分钟)。

参与读者剧场选修课程的学生来自两个年级的不同班级，他们在业余时间只能做到自主排练，无法支撑整个作品呈现。要保证效果，必须给各组学生相对充分的时间在现场彩排。一方面要找好站位对词，另一方面要做道具准备以及表情等肢体语言的协调与完善。教师在此期间主要是穿插于各组，进行现场指导、录像准备并做好笔记，为最后的点评环节记录关键信息。

各小组按照抽签的顺序依次登场。期间，教师做好录像工作，所有人都以观众的身份认真欣赏和观摩作品，做好笔记，为后面的交流做好准备。在这个环节中，教师要特别注重对学生文明观演的教育，既要做到悦纳自己的不足，也要学着眼中有光地欣赏他人。

评价时，学生遵循“Three Stars，One Wish”的原则，真诚且充分地发表各自的观点。通过分享，不仅让参演的学生切实感受到来自观众的关注、认可，获得成就感，更能够收获真实而有针对性和建设性的意见，为下一次作品的完美呈现提供有力支撑。指导教师可通过录制的视频，一边“复盘”，一边补充自己的意见，可重点结合第一次创编科普类整本书读者剧场剧本的过程中出现的问题进行小专题性质的指导，为学生接下来的新作品展示做好铺垫。

六、*Born to Be Free* 读者剧场剧本

<table>
<tr><td colspan="4">Born to Be Free</td></tr>
<tr><td rowspan="2">原始文本体裁</td><td rowspan="2">非虚构文本</td><td>角色数量</td><td>3 个</td></tr>
<tr><td>适用年龄</td><td>10 岁以上</td></tr>
<tr><td>蕴含主题</td><td>生命生来平等、自由</td><td>时长</td><td>4—5 分钟</td></tr>
<tr><td>角色</td><td colspan="3">Narrator，Orca 1，Orca 2</td></tr>
<tr><td>道具</td><td colspan="3">表示场景的牌子或 PPT 背景</td></tr>
<tr><td>舞台站位</td><td colspan="3">N1　Orca 1　Orca 2</td></tr>
<tr><td colspan="4">Scene 1：In the ocean</td></tr>
<tr><td>Narrator：</td><td colspan="3">Today we are to tell you a story about orcas. The orcas are playing in the sea.（可配上大海的声效，以及虎鲸自由自在的神情与游泳的动作）</td></tr>
<tr><td>Orca 1：</td><td colspan="3">We are dolphins.</td></tr>
<tr><td>Orca 2：</td><td colspan="3">We are not whales or sharks.</td></tr>
<tr><td>Orca 1：</td><td colspan="3">We live in the sea. This is our home.</td></tr>
<tr><td>Orca 2：</td><td colspan="3">In the sea，we can swim where we want to，do what we can do.</td></tr>
<tr><td>Narrator：</td><td colspan="3">There are no fences to keep them in one place. They are free.</td></tr>
<tr><td>All：</td><td colspan="3">（可用歌唱或吟唱的方式）
The greatest animal，swimming free.
A mammal，not a fish，no gill you see.
They love the sea. They love the sea.</td></tr>
<tr><td>Orca 1：</td><td colspan="3">（背景音乐突然变得惊悚，其他角色做出惊恐的声效及对应的表情）
Help! Help! Help!（Orca 1 背转身蹲下表示被抓走）</td></tr>
<tr><td>Narrator：</td><td colspan="3">In the sea，orcas don't attack people. But when orcas are taken away from their home，it can be different.</td></tr>
</table>

续表

Scene 2：At an aquarium	
Narrator：	Now we are at an aquarium. This is Keiko，the film star，a super famous orca.
Orca 1：	（悲伤地）Hello！I'm Keiko，the film star. People have caught me and put me in pools more than ten years ago.
Narrator：	They have trained her to do tricks.（Orca 1 做跳起来顶球的动作）
Orca 2：	Don't you want freedom?
All：	Freedom? Freedom！（语气、语调从迷惑不解再到渴望或期待）
Orca 1：	Freedom?（陷入沉思）Sounds like an illusion… I have forgotten how to be free.
Orca 2：	But your family miss you，Keiko.
Scene 3：A performance in the aquarium	
Orca 1：	（悲伤）I miss my family.
Orca 2：	（怒吼）I hate doing tricks in this aquarium.（做跺脚、撕咬的动作）
Narrator：	The orcas might have psychological illnesses.
Orca 1：	I bite people just because of fear.
Orca 2：	I really need freedom.
All：	We orcas aren't just born for people's fun.
Narrator：	But they can't just be put back in the sea. First，a pen is made in the sea. The orca has to stay in this pen for a while.
Scene 4：In the pool	
Orca 1：	In the sea，I can swim a long way in a day.
Orca 2：	But I can't swim far in a pool.
Narrator：	In a pool，some of them live alone. It is a very different world to where they came from. They are wild animals.
All：	Wild animals！
Orca 1：	In the sea，I live with other orcas.

续表

Orca 2：	I can live for a long time.
Narrator：	However，they don't live long out of their home. The first orca that was caught only lived for a day.
Orca 1：	I want to be free.
Orca 2：	I was born to be free.
All：	Orcas are born to be free.

七、教学反思

授课教师在选修课程和常态课上实践读者剧场活动仍处在初级阶段。为了活动的顺利开展，积极响应国家的"双减"政策，在选取素材时多以课内教材中的短小对话、语篇、歌谣或是课外的虚构类绘本为主。其实，无论是故事还是非故事体裁，无论是小说、戏剧、歌曲、诗歌、信件还是报刊或信息类文本，都可以用于改编读者剧场。关键是选择学生感兴趣的内容，既可以是课外阅读材料，也可以是中小学英语教材中的阅读文本。

实践了一个学期后，学生们初步熟悉了读者剧场的流程，教师开始尝试科普类整本书的读者剧场的创编与展演。当然，要控制剧本素材的文本难度，此次文本词数是410词且生词量不大。创编前，教师还为学生推荐了四段该主题的视频作品，方便学生模仿其中的意群断句、语气与语调，为口头呈现读者剧场提供语音基础。同时，一系列的阅读任务，如不同颜色分块的韦恩图引领学生先阅读并梳理事实性信息；通过提供不同情感的提示词和支撑句引导学生思考、讨论并分析推断出虎鲸在不同地方的不同情感；利用图形组织器引导学生判断每个章节的要点，进而总结出全书的要点词汇并连词成段，写出全书的概要，等等，帮助学生深入理解文本内容，探究文本主题。这些工作都为后面的创编和展演创造了条件。

从活动效果逆向评价此次筹备全程，授课教师认为在实践与指导阶段的工作还可以更加细致、精准、到位。例如：教师可以提取全书的一个章节，亲身示范，带领几位学生，全程展现如何设计与分配角色，如何将文本在有限的时间内改编成剧本，如何在组内互助纠正语音、语调、语气、意群、断句以及肢体语言的配合。毕竟，与虚构类的文本不同，科普类文本没有故事发展脉络、人物心理变化不好表现，这类文本对于学生来说不太容易捕捉到可以发散的关键点，完全放手给学生自己揣摩并不能保证绝大多数小组的学习效果。在今后的教学实践中，教师的工作应该更加耐心、认真、准备充分、铺垫到位，真正把学生可能面临的挑战进行预测和预案设计，搭建好实施的支架，为学生的综合实践探究活动保驾护航。

（授课教师：北京市八一学校　史小鹃）

八、专家点评

迎接挑战，潜力无限

本案例呈现的是基于科普类读物的读者剧场教学实践。这是史老师第一次尝试篇幅这么长的科普读物，其对教师和学生而言，都非常具有挑战性。正像史老师自己反思的那样，科普读物的内容本身缺乏明显的故事发展脉络，也缺乏主人公清晰的情感表达。如何将这种素材改编成学生既能入戏又能吸引听众的剧本呢？史老师和她的学生们做到了，而且做得很巧妙，很有故事感与画面感，也通过剧本改编很好地呈现了学生对文本主题意义的探究及观点的表达。之所以能达到较好的呈现效果，我认为主要是因为教师创设了多元机会引导学生对文本进行了深度理解。在此基础上，能给学生足够的空间进行剧本改编，同时即时监控并提供个性化的反馈。

深度的文本解读是开展读者剧场的基本前提。简单来讲，读者剧场是多人以声音传情达意的表现方式。如果读者不能理解剧本所蕴含的主题意义，表演出来的读者剧场也就缺乏了灵魂与价值。无论是虚构类还是非虚构类文本，其本身肯定蕴含着值得挖掘的主题意义。准确来讲，本案例的素材 *Born to Be Free* 属于人文科普，无论是从题目还是从内容来看，都渗透着作者对虎鲸乃至人类如何对待生态环境的观点。为了让自己和所教学生能够更加深刻地理解文本，史老师先后引导学生观察绘本封面、书名，并借助韦恩图对比虎鲸在大海及被圈养两种生活环境中所表现出的行为。此外，还给学生提供了生动鲜活的视频片段，旨在促进学生对文本的深度理解，同时也利于学生模仿语音语调，从而在虎鲸的生存以及人类应该如何对待虎鲸等问题上产生共情与共鸣，也为表演读者剧场打下良好的基础。

在深度理解文本的主题意义之后，史老师并没有给学生提供现成的剧本，而是让学生自主改编剧本，学生充分发挥了学习自主性，在原有素材的基础上创设了小女孩与讲解员在博物馆对话的情境，并创编了对话式台词。然而，在让学生改编剧本的同时，史老师并没有100％放权，而是通过微信群、课堂观察等方式实时监控学生们的学习进展，并及时发现学生的问题。如史老师及时干预并引导学生深入挖掘文本内涵，将双人对话改为第一人称视角，即以虎鲸的身份发出呐喊的剧本，既增加了剧本内容的冲突性与情节感，又充分突出了文本的主题意义。除了台词改编之外，史老师还引导学生之间互相评价、互相帮助改进。在整个剧本改编与最终读者剧场呈现的过程中，史老师充分调动学生学习的主动性与创造性，将第三人称的素材转化为多角色的对话体裁，并设计出与主题匹配的肢体动作及相关的舞台背景等。

（北京教育学院　徐国辉）

第五章　读者剧场促进师生发展案例

本书第一、二章讨论了读者剧场的价值、内涵以及具体实施策略，第三、四章借助小学和中学不同学段读者剧场的实践案例，呈现了读者剧场的本土化实践路径，具有一定的示范引领作用。实际上，这些案例来自北京市不同区域学校的教育实践，包括：市区示范校、远郊农村校，所涉及学生英语学习的经历大不相同，口语能力具有明显的差异性。同时，项目实践教师中既有任教35年的资深教师，也有处于职业成熟期的熟手型教师以及新任教师。在本书的最后一章，让我们一起倾听教师们在读者剧场教学实践中收获的专业成长与幸福，体会学生在读者剧场教学实践中获得的成长！让我们一起探索英语教学中“小剧场”的无穷魅力！

第一节　小学段师生发展案例

One Page, Big Stage

北京市海淀区和平小学　尹彧

我和读者剧场结缘是因为一次培训。2018年深秋时节，我有幸参与了中国台湾省讲师杨耀奇的读者剧场培训。一天的学习让我十分痴迷，也让我感受到了读者剧场的独特魅力。随后，我参与了北京教育学院外语系徐国辉老师的讲座，对读者剧场这一新颖的表演形式有了更加深入的了解，进而开始了自己的实践之路。一点点积累、一步步探索，从简单的歌谣、课本再到绘本，没有繁杂的道具，不用背台词，一页纸、一个舞台，读者剧场原来可以这么简单！

兴奋之余静心思考，我发现相比于传统的跟读和分角色朗读活动，读者剧场更能提升学生朗读的准确性与韵律感，使学生的学习态度发生明显转变，增强学好英语的信心，提高合作意识与合作能力，特别是提高了学困生的学习兴趣和参与感。同时，教师不断挖掘故事文本，增强教学实效，实现了师生教学相长的发展目标。

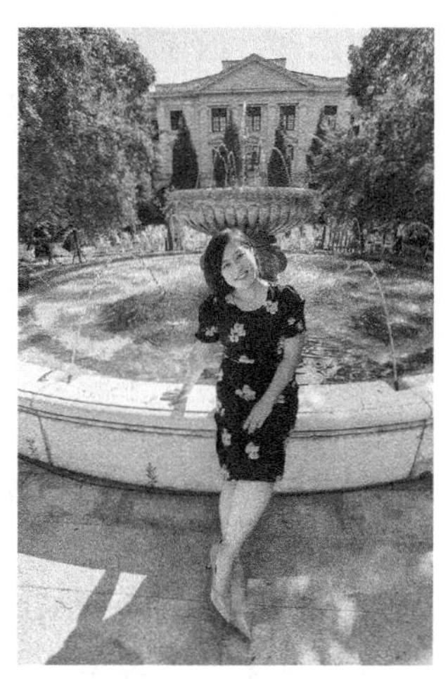

以往部分学生羞于张口，许多常见词汇都会读错。在实践中，我为学生提供了评价标准，凸显了对准确发音的要求，加之为了集体的荣誉，学生十分重视自己的表现，他们的朗读准确性有了明显提升，尤其是对于视觉词(sight words)的认读效果显著。一位学生曾讲道："读者剧场能让我反复朗读剧本，个别拿不准的单词我可以问同学，最后演出的时候我能读得很流利！"

以往在故事教学后，教师一般布置朗读、续写或改编等读后巩固活动，学生是否真正理解文本内容我们不得而知。读者剧场让学生在不断朗读和小组合作中加深对文本的理解。有的学生说："排练读者剧场时我可以和同学一起读剧本，还能加入动作，很有趣。开始有的地方还不理解，看别人演出的时候就搞明白了。自己在组里朗读的时候还可以想象剧本中的人物，能做到有感情地读，让演出更加真实。"

调查结果显示，90%以上的学生认为读者剧场为他们提供了展示自我的机会，使他们读到了更多有趣的绘本故事，提高了他们学习英语的兴趣；与同伴排练、磨合、表演的过程对自己的帮助很大，让自己更加自信。一位学生表示："我们组排练的时候会根据理解加入动作，一起做动作的时候特别好玩！"可见，这种"阅读+朗读+表演"的模式增进了学生之间的感情和相互了解，特别是剧本中出现的和声部分，通过"强带弱"的和声练习帮助学困生克服压力，增进了彼此的信任和欣赏。

我也看到学生对于读者剧场充满了期待。每次故事课前，学生都追问我有没有剧本；如果一组学生没有时间在课上为大家表演，他们会要求我课下录像并发到微信群。学生的表现让教师充分感受到他们的无限潜力，同时也提升了授课教师实践不同教学活动的信心和勇气。

读者剧场作为英语阅读教学的一种形式，符合学生的年龄、心理和学习特征，有利于提高学生的口语流利度、阅读能力和自信心，它也是帮助学困生缓解焦虑感、敢于张嘴、积极参与课堂活动的有效方式之一。简单一句话：它非常好玩！希望有更多的教师和学生走进读者剧场，体验别样的舞台魅力！

【学生案例】

我是北京市海淀区和平小学四年级学生冷玥萌，在尹老师的带领下，我和班里的同学们相继参加了几次英语读者剧场的活动。每一次活动，大家先要了解故事的具体情节、划分适合每个人的角色，有趣的故事和新奇的表演形式让大家都很兴奋，充满了兴趣。接下来我们反复练习，不断提升台词朗读的流利程度，做到准确无误地表达语言并尝试带入感情，使表情生动、动作有趣，从表演中展示故事的趣味性，与观众产生共鸣。从生疏到配合默契，在一步步的提升中，我们感受到了合作和不断成长的快乐，激发了对英语学习的兴趣。特别是那次参加北京市海淀区北部小学生英语达人秀之“读者剧场”的经历让我印象十分深刻！虽然是非虚构类的绘本，原以为会枯燥乏味，但是经过我和小伙伴们一起合作，在语言、表情、动作等方面不断改进。在舞台上，我们积极配合，并用小歌谣和动作自信地展示学习成果，取得了优异的成绩。

小小的舞台让我感受到无限的能量。每次活动，我们都相互鼓励、认真对待，仿佛每个人都是“发光体”，散发着光和热，让我们的课堂变得有趣、有温度。英语读者剧场的参与、排练和表演，锻炼了我们英语口语能力与合作能力，让我们对今后的英语学习充满了兴趣和信心，这真是学习英语的好方法！

【教师指导评析】

小冷同学平时学习很认真，但是当众表演往往比较羞涩，说话声音小。通过读者剧场的排练和演出，她越发自信，愿意主动地学习并积极参与活动。从她身上，我惊喜地发现，读者剧场这种小组合作的方式不仅让学生相互壮胆，进而产生诵读的热情，还可以提升自信心，使他们变得大气、大方。小冷在几次读者剧场的活动后，就开始充当“小老师”的角色，带着本组的小伙伴一起练习台词。可见，这种学习方式对学生的成长有诸多好处，希望更多的学生能一起参与，并从中受益。

读者剧场——英语学习的金钥匙

北京十二中朗悦学校　王冕

作为一名青年教师，在职业生涯初期有机会参加北京教育学院“协同创新”

项目活动，并在徐国辉教授和李艳书记的带领下进行课题研究，我感到非常荣幸。初次接触读者剧场，是看到同组的晋玉洁老师做区级公开课时，为大家呈现了一堂精彩的读者剧场展示课堂。这让刚入职不久的我耳目一新，在被学生们的表现力所折服的同时，我表现出强烈的好奇心，原来英语还可以这样教学！

我在学校承担了二、四两个年级的英语教学任务。前期的研究点是自然拼读在小学低年级英语教学中的应用，在日常教学中我常常为二年级学生补充绘本阅读，强化语音知识。之后，我尝试将绘本故事改编为剧本，以读者剧场的形式让学生演绎绘本故事。活动初期，我对这类活动了解并不多。在徐老师的引导下，我翻阅了很多相关资料和书籍，包括 *Readers Theatre：A Secondary Approach* 等。之后我开始向学生渗透读者剧场的含义及操作步骤，并给学生播放视频，让学生直观感受读者剧场的活动形式。接着，绘本学习完成后，学生结成小组，研磨、改编剧本。然后，学生将编好的剧本交给我，我参与指导，进行二次修改。在练习过程中，我将修改后的剧本分发到每位学生手中供他们练习，并在演练开始之前进行朗读示范，以确保学生能够流利朗读。在了解了如何正确、流利、有感情地朗读之后，学生以小组为单位尝试齐读其中的某一段落，如此循环，轮流阅读剧本中不同的部分。

在学生熟读文本后，我便组织学生扮演剧本中的角色，学生可以自由选择扮演自己心仪的角色。在明确自己所扮演的角色后，学生在文本中标注出自己需要朗读的角色对话，以便进行朗读练习。我明确评价标准并不同程度地参与学生的小组排练。最后进行全班展示。

从读者剧场的实践中，我发现了不同学生的闪光点。有的学生善于表演，在朗读中创造性地加入有趣的元素，使故事更加生动；有的学生善于编写剧本，将故事的逻辑梳理得非常清晰；有的学生善于统筹安排，将每个组员的分工明确后有序地组织大家排练。因为有了读者剧场，一些基础薄弱、缺乏自信的学生变得敢于表达，在同学面前大方展示自己。同时，在此过程中，我也更为深刻地理解了英语教学的意义：让学生在活动中贡献自己的力量，体会到个人价值，获得成就感，以此作为学习的动力，提高学习的积极性，参与更多的学习活动，提高自己的语言能力和学习能力。

【学生案例】

我是来自北京十二中朗悦学校二年级(4)班的魏鹤媛。在接触读者剧场之前，我很害怕开口说英语，总担心自己发音不对、说得不好。因此，我的口语很差，几乎不能完整地说出一句话。从二年级开始，王老师带领我们进行读者剧场活动。

读者剧场活动需要全班学生参与，大家结成不同的小组，小组之间还会互相评价，我觉得很有挑战性。每一次活动，王老师都会带领我们朗读文本，老师的朗读绘声绘色，让故事变得有趣极了！在聆听完王老师的范读后，我们被分成不同的学习小组，模仿老师的语气和动作朗读文本。我很喜欢这个环节，因为我可以尝试不同的角色，体验不同的情感。之后我会选择一个我最想扮演的角色，跟小伙伴们一起合作表演。这个环节需要大家一起一遍又一遍地练习、磨合，慢慢地，我们配合得默契十足，大家在反复练习的过程中读得越来越流利，动作和表情也越来越自然。最后面向全班表演的时候，尽管非常紧张，但大家都展现出自己最佳的状态，表现得非常出色，取得了优异的成绩。

【指导教师评析】

魏鹤媛同学本学期的进步非常明显。在 *Coats on Sale* 读者剧场活动中她扮演了 Mr. Goat 一角，不仅发音标准，语音语调和情感态度都有很大提高，是同学们学习的榜样。在活动中，她主动帮助其他同学，纠正他们的发音、动作和神情。参加读者剧场活动让她越来越自信。她每次都非常积极地把自己朗读绘本的视频发到班级微信群里，对比当初一次只能读出两三个词，进步真的太大了！由此可见，读者剧场不仅能够提高学生的语言能力，他们的学习能力和思维品质也都有相应的发展和提高。

读者剧场让我重新认识阅读教学的本质

北京十二中朗悦学校　晋玉洁

2018 年的夏天我初次接触读者剧场，当时就被这种阅读形式深深吸引了，因为它和我所理解的朗读和表演有着很大的区别，读者剧场可是说是两者的有机融合，既保留了朗读的形式，又在单一朗读的基础上加入了更多的创新。这种形式对任何学段的学生来说都是极具吸引力的，于是我决定将这种形式运用到自己的日常教学中去。

林语堂早在1931年就说过：“学习英语唯一的正轨，不出效仿与熟诵。”这说明培养学生的朗读力对于学生的英语学习是至关重要的。朗读力培养的重点是语言的准确性、阅读速度和韵律。而读者剧场是培养学生朗读力重要且有效的途径之一。

但由于可以模仿的教学课例资源有限，我自己也是在边摸索边学习。总体来说，我的实施过程就是：认识读者剧场—选择表演剧本—学习文本语言—分组彩排表演—评价反馈再完善—呈现最终作品。认识读者剧场就是利用网络资源搜集典型的读者剧场视频作品，让学生直观感受到读者剧场的特点和魅力，学生和我一样被这种新鲜的学习方式吸引，在后续的学习中也会投入极大的热情。在选择表演剧本方面，我尽量选择学生感兴趣的虚构类文本，内容精彩有趣，语言简单精练，重在让学生体验这种朗读形式。剧本是我自己结合学生的语言实际独自创编而成，但在实际表演中，有时候学生自主发挥的语言或者动作比我设计的更好，我便即刻将其添加到剧本中。在学习文本语言环节还是遵循常规的阅读教学流程，即通过一些包含预测、分析体裁结构、细节问答等阅读理解的活动，在引导学生充分理解文本故事的同时，培养学生的阅读能力。在学生对文本有足够的模仿、跟读练习的基础上开展分组彩排表演，这个环节是小组内依照评价标准进行自主练习和自我监测的环节，也是学生内化语言的重要环节。当学生有了比较充分的练习后在全班范围内进行表演，这是一个互相学习的重要环节。学生可以通过他人的表演反思自己的优势和不足。学生在得到同伴和教师的反馈意见以后，再次回到小组里进行完善练习，此时各个小组在改善表演上更有针对性，从实际实施情况看，这个环节是提升学生朗读力的有效步骤。因此在呈现的最终表演作品上，无论是语言表达还是小组合作等各方面，学生相较第一次表演都有了明显的提升。

开展读者剧场教学活动以后，我感触最深的一点是前期的语言学习和后期的读者剧场不是脱节的两部分。前期语言学习阶段是为后期读者剧场阶段做铺垫，在学习关键句和词汇时，教师就要有意识地引导学生关注朗读、动作、神态、表情等各个方面。这样才能积少成多，将大篇幅的剧本切割成小部分，让学生逐步习得语言和朗读技巧。但我在此方面的教学经验仍是不足的，今后还需要不断学习、不断实践，在提升教学能力的同时，让学生最大限度地习得语言，成为积极的阅读者。

【学生案例】

我是北京十二中朗悦学校的臧天祺。一、二年级的时候我的英语成绩还不错，可随着年级升高，我的英语成绩越来越差，英语渐渐地变成了我的压力，我也对英语逐渐失去了兴趣，甚至想要放弃。后来老师开始带我们读绘本，老师选择的绘本都是语言简单却很有意思的故事，像我这样水平的学生基本都可以读懂故事的内容。慢慢地我又建立起学习英语的兴趣了。2019 年是对我影响最大的一年，这一年让我重拾学习英语的信心，因为我认识了一位新朋友——读者剧场。老师当时给我们分享了我们学校二年级学生的一个作品，我很是惊讶：原来可以这么多人一起表演朗读！原来可以拿着台词上台！原来每个人每次可以只说简单的一句话！我太爱这种表演形式了！我喜欢表演，语文课时我会参与课本剧表演，虽然我也会出现忘词的现象，但好在是母语，旁边同学提示一下我就能衔接上台词。可英语不同，我记不下来这么多英文句子，以前看过的英语话剧表演我都听不懂。所以当看到台上表演的学生拿着台词本并说着我能听懂的台词时，我很渴望亲自尝试一下。

老师把我们分成小组，每个人必须选择一个角色。我选择了一个台词较少的角色，因为我内心还是畏惧的，害怕自己读不好，害怕耽误整个小组表演的进度。我清晰地记得在学习剧本的过程中，老师请我们分析：厨师三次说“I am the cook. You are the King.”的语气是否不同。我第一次举起手表达了我的想法并做了示范朗读。老师表扬我准确抓住了厨师逐级愤怒的心情并且在语音语调上都生动形象地表现出了这样的心情。虽然我心里清楚我的朗读提升空间还很大，但这确实给了我莫大的鼓舞。我的内心真的非常激动，忽然觉得自己有了英语学习的参与感，不再置身事外那么被动了。之后我努力练习朗读、努力配合组里同学们的演出，即使台词不多，也力争把每句台词表现到最好。第一次读者剧场正式表演时我们组获得了最佳表现奖，我的内心好像干涸许久的旱田被沁润了春雨，重新焕发出英语学习的生机。原来，我可以的！

那个学期我们一共练习了三次完整的读者剧场，老师选择的剧本台词逐渐变多，分配到角色的台词也逐渐变多。我以为我无法承担这么艰巨的任务，令我惊喜的是我竟然可以跟随大家一起自如地表演。甚至在第三个剧本中，我自告奋勇申请扮演了主角。小组里的同学们也非常支持我，还开玩笑说："你有做影帝的天赋！"

【指导教师评析】

读者剧场给学生们带来的影响是积极且明显的，例如2016届的臧天祺原来语言基础较薄弱，平时上课听讲注意力也不集中，小组合作的参与也不是很积极。但是在本学期开展的三次读者剧场表演中，他的变化是老师和同学们有目共睹的，他在读者剧场的课堂中也是很投入的。当老师请同学们分析厨师说了三次"I am the cook. You are the King."的语气是否不同时，他竟然主动举起了手，大胆表达了自己的想法，还勇敢尝试朗读示范。在老师未提供任何提示的情况下，他准确抓住了厨师逐级愤怒的心情并通过语音语调生动形象地展示出来。

臧天祺同学的投入和参与不仅带给他自己很大的信心，也让老师坚信读者剧场的育人价值。经过一学期的尝试，臧天祺同学在单词读音的准确性、语音语调和意群断句等方面都得到了很大提高，对英语课有了浓厚的兴趣，自信心和胆量也增加了。

剧本原来还可以读出来

北京十二中朗悦学校　刘红梅

当我还在朗悦学校实习的时候，我参加了北京教育学院徐国辉教授在房山开办的中学英语分级阅读研修班。就是在那里，我第一次听说"读者剧场"。印象很深的是，我听到后的第一反应就是：这是基于特定读者或者是和读者有互动的英语戏剧或话剧？后来，当我看到美国读者剧场比赛的冠军作品 *Life Flight* 时，我惊呆了，同时也被深深地吸引了，原来仅靠朗读者的语气、语调、动作、表情等就可以呈现一个生动精彩、栩栩如生的故事。读者剧场原来就是读者在朗读的时候，用自身语言、动作、表情等演出的英语话剧。

后来教二年级学生的英语，他们活泼好动，喜欢合作进行模仿或表演，每节课进行角色扮演朗读课文都很积极，因此我向他们介绍了读者剧场这种形式。它相比单纯的角色扮演，增加了齐读、声效、呼应等元素，学生也觉得更丰富有趣。每当读到好的绘本作品时，学生也很喜欢用读者剧场的形式朗读出来。我发现在这个过程中，学生更喜欢朗读英语了，在进行读者剧场活动时想法和创意越来越多了，比如他们会自己制作小道具、融入歌唱舞蹈、选择更符合朗读内容的服装等。他们喜欢小组合作，在进行读者剧场展示时也越来越自信了！看到读者剧场带给学生的这些变化，我由衷地感到欣慰！

在大学时我参加过英语话剧《罗密欧与朱丽叶》的演出，因此在我印象中，英语话剧台词记忆、演员之间配合、道具服装等都需要很久时间的准备。而读者剧场打开了我对“剧”认识的新世界。在课堂上，学生拿稿即读，能读即演，读唱跳演，乐趣无穷。读者剧场不仅让学生喜欢上了英语课堂，也促使我不断进步。为了能做好选材、编剧、导演、服饰、道具、语言指导等各种工作，我阅读相关书籍和文献，观看优秀案例视频，和同事们不断体验、实践，不断充实自己，和学生一起进步！

【学生案例】

大家好，我叫刘晓宇，目前是北京十二中朗悦学校五年级的一名学生。第一次接触读者剧场是在二年级的英语课堂上。刘老师给我们看了读者剧场的视频，视频上的小朋友们都站在舞台上，和小伙伴一起拿着稿子读，但读的时候使用不同的语气，而且加上少量的动作、表情，非常有趣。我也很想尝试，虽然我有些内向，但我喜欢朗读，我还能用不同的语调朗读。后来在英语课堂上，我们经常学完一篇课文就和小伙伴一起进行读者剧场表演。我们分好台词，每人一个角色，有的地方大家一起读。如果有谁读错了，我们也会相互提醒。朗读时，我们会加上相应的动作或表情，我不太擅长表演，其他小伙伴就会帮助我。后来，我们表演的读者剧场还在比赛中获得了特等奖。我实在太开心了，我喜欢这种小组合作、一起朗读表演的英语学习方式，它不仅让我的英语学得更好了，也让我交到了更多的朋友。老师说我的语音语调以及表现力都比以前进步了，我变得越来越自信，也越来越喜欢朗读英语了！

【指导教师评析】

晓宇同学是一个学习成绩优秀但性格稍微内向的男孩。他用英语朗读课文很流畅，但外在表演力有些欠缺，自信心不足，说话声音有点小，平时也很少和朋友玩笑打闹。在读者剧场活动中，他很好地发挥了自己的优势，指导小组成员进行朗读，给大家分配角色等；同时，小伙伴也促进他不断打开自己的心扉，学会用表情和身体语言表达情感等。经过一段时间的读者剧场实践，晓宇同学明显自信开朗多了，也会主动和大家交流、合作，英语学习兴趣也更加浓厚了！

I Love Reader's Theater

北京十二中朗悦学校　刘莲

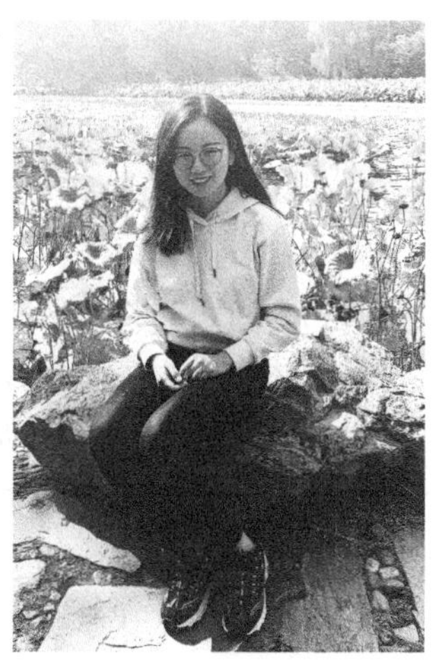

在担任小学英语教师之前，我有三年中学英语教学经历，这让我更关注学生的语言知识学习，而忽视了学习的趣味性。成为一名小学英语教师后，我开始思考如何把教材上枯燥的语言知识以更活泼有趣的方式传递给学生，让学生积极主动地学习。在我成为小学英语教师的第二年，我有幸接触到了读者剧场。在专家及同伴的指导与帮助下，我很快将读者剧场融入到了我的课程中，丰富了课堂学习活动。

我与读者剧场的第一次邂逅始于北京教育学院徐国辉教授在房山区教师进修学校的研究课题。徐老师向我们讲解了读者剧场的含义与操作步骤，并播放了优秀的读者剧场视频片段，让我们有了直观的感受。我认为读者剧场能丰富课堂教学，让学生爱上英语课，因此在日常教学中我多次使用读者剧场这种形式进行教学。

读者剧场意为朗读者的剧场，是一种口述、朗读的剧场形式。一般由两位或两位以上的朗读者手持剧本，在观众面前以声音及表情呈现剧本(温建兰，2006)。我认为读者剧场是戏剧的简化版，它不需要道具、戏服，也不需要灯光、音响等设备，让学生在最简单的背景下，将故事的内容朗读出来，并配以传情达意的语气、眼神和动作。学生从准备读者剧场到演练，再到最后的演绎，都非常贴合英语学习活动观的学习过程。学生在准备读者剧场的阶段是学习理解文本，提取梳理文本信息，学习生词难词，做好语言上的准备。学生在完成角色分工、进行自主练习的阶段是应用实践，并深入理解语篇。在这一阶段，学生反复练习朗读文本，基于自己对文本的理解，配以适当的语气、眼神和动作。在演练过程中，学生似乎成了剧本中的人物，用情、用心体会着剧本中人物的情绪。在最后的表演与评价阶段，学生基于评价量表去反思自己的表现，并对同伴的表演做出评价，激发学生的学习兴趣。读者剧场为学生提供了充分的反复阅读优质读物的机会，让学生在不断的阅读过程中体会文本中人物角色的情感和不同文化的内涵，增进学生的阅读流利度和理解度。同时，读者剧场兼具朗读和表演，具有很强的趣味性和体验性，能使学生的阅读品格和阅读能力得到一定的提升，进而发展阅读素养。

我第一尝试读者剧场教学是在2018年的秋季学期，学生在课堂上学习三年级上册第五单元“天气”章节后，我为他们补充了绘本 *What Do You Hear*。这篇绘本是一段两人对话，话题也是天气，是对课内天气话题的延伸和补充。我首先让学生对该绘本有了整体的理解，然后让学生跟读音频学习生词难词的发音。绘本的内容主要是以问答的对话形式展开，因此我将全班学生分为了问和答两个角色，接着进行整班排练。在进班排练读者剧场之前，我认真选择了一些肢体动作去配合朗读。但在跟学生一起排练时，我发现学生思维活跃、想象力丰富，对绘本里的动作和拟声词的表达有很多他们自己的思考。因此，我们师生共同讨论并选定了动作。学生在排练过程中，我巡视全班，关注学生朗读的准确性、语速、语气、语调、意群断句、表情、肢体动作等。第一次的读者剧场教学尝试让学生体会到了学习的快乐，他们非常希望能继续进行读者剧场的学习。因此，在后面的学习中，我又让学生尝试将教材上的内容以读者剧场的形式进行展示。

读者剧场让我认识到学生喜欢表演，表演成功的愉快体验促使学生不断地去学习，学生成了学习的主体。读者剧场这种表演形式把语言学习和表演融为一体，让学生能快乐地、积极主动地学习。

【学生案例】

我是北京十二中朗悦学校四年级(1)班的刘登铖。我的英语成绩不太好，也不喜欢上英语课。刘老师说我单词发音不准确，一股子中式英语的味道，应该加强朗读训练，但我一直回避这个问题。上学期，刘老师带着全班同学观看了读者剧场的视频，并带着我们用读者剧场的形式表演绘本 *What Do You Hear?* 从阅读理解绘本到角色分工，再到演练及表演绘本，整个过程都非常有趣。我们分小组一遍遍地在语音语调、动作、表情上进行打磨，最终呈现出了让人满意的读者剧场表演。我第一次体会到了英语学习的趣味性，我对英语学习也不再那么抗拒。

在表演完成后，刘老师对我的表现非常满意，表扬我朗读流畅，动作和表情十分生动。刘老师还把我的表演视频发送到了班级微信群。老师和家长们看到后都纷纷给我点赞。此后，我们还参加了房山区的读者剧场比赛并获得一等奖的好成绩，我特别开心。经过近一年的读者剧场的练习表演后，我不仅敢说英语了，还能非常流畅地用英语表达出自己的想法，感谢读者剧场让我体会到了英语学习的乐趣。

【指导教师评析】

在表演完成后，我对小铖进行了采访，他说读者剧场的表演非常轻松、非常有趣。经过近一年的读者剧场的练习后，小铖的语言表达能力提高了，能较为自如地表达自己的想法，语音语调的准确性也提升了。这些都再一次印证了读者剧场的价值，让我更加坚定了将其运用于英语教学中的信心。

读者剧场变“职业倦怠”为“职业新春”

北京十二中朗悦学校　李良艳

北京十二中朗悦学校是由北京市房山区教委与北京十二中联合创办的一所九年一贯制公立学校。由于教学经验较为丰富(17 年教龄)，学生学业成绩优异，我对教学工作日趋自满，缺乏革新动力，七八年前就已经步入职业倦怠期。好在三年前，我有幸加入了北京教育学院徐国辉教授带领的“基于课内外阅读融合的学生阅读素养提升”课题。在课题活动中，徐教授向我们介绍了很多前沿的英语教学理念和方法，让我对自己的教学有了新的认识，尤其是读者剧场的尝试让我彻底改变了教学心态。

2019 年，我们学校在徐教授的指导下承办了“房山区第一届中小学读者剧场大赛”。作为首次尝试，我和当时在读五年级的 8 名学生共同改编了《音乐之声》的一个片段参演，荣获了大赛一等奖。让我的教学心态大为改观的不是最后的获奖，而是排练的过程。起初，我感觉读者剧场与平时课堂上的分角色朗读课文并无太大区别，所以对其效果也持怀疑的态度，加上自愿报名的学生英语成绩并不是特别优秀，我对参赛结果并没有报太高的期望。然而，学生在泛听时就学会了歌曲的演唱；在小组 PK 中完成了演出动作和队形的设计；在我外出学习期间，他们自己组织排练；在彩排和演出时赢得观众阵阵掌声。这些不断刷新了我的认识。我发现学生的潜力超乎想象，只是之前没有用恰当的方式引导而已。虽然课堂时间有限，此次尝试惠及面不广，不过参与尝试的学生获得了很强的学习成就感，激发了英语学习的兴趣。

读者剧场强调朗读者对文本背后意义的建构与阐释，即利用声音、表情和少许的动作将观众带入剧本的世界。读者剧场的价值是多元的。首先，为了准备读者剧场，学生需要多次练习才能流畅地展现对剧本的理解，其词汇解码能力、阅读速度、朗读表现力和韵律感等朗读能力会大大提升；其次，读者剧场因兼具朗读与戏剧表演而具有很强的趣味性和体验性，同时给学生提供了与阅读文本真实互动的理由；此外，它强调团队有机配合，可以提升学生的团队合作意识与能力；最后，在台词编排、角色分配等方面，学生能拥有较大的自主权，有利于发挥他们的创造性。

为了让更多学生从读者剧场中获得英语学习的乐趣和成就感，我逐步在日常教学中渗透和实践读者剧场教学形式，具体做法分为以下五步：首先，仿照徐教授提供的国外教学视频，从心理安全角度、表现形式(音量、音效、动作、合作)向学生介绍读者剧场；然后，选取课本对话中的典型句子，带领学生进行练习和展示；接着，选取整段对话进行练习展示；最后，引导学生在学习课本对话的基础上，进行剧本创编和展示。最终实现让学生自编、自导、自演的目的。从读者剧场实践中，我学到了一种新的帮助学生练习朗读和深入理解对话内容的教学方法，并且这个方法深受学生喜爱，英语课堂氛围更加活跃；此外，在撰写教学论文时，也多了一个写作视角。

【学生案例】

我是北京十二中朗悦学校五年级的员佳一。以前在课堂上我很少主动举手发言，因为害怕自己说不好。

上学期，李老师向我们介绍了读者剧场，让我们观看了外国小学生练习读者剧场的视频，给我们讲解了读者剧场的步骤和要领。李老师说在舞台上表演时音量和动作幅度应是平时的 1.5—2 倍，我牢牢地记住了这一条。课堂上，李老师带着我们用读者剧场的形式朗读课文、扮演角色。同学们都学着老师的样子大声朗读、手舞足蹈。渐渐地，我不害怕了，大胆地与组里的同学配合。

最让我自豪的是，我和同学们一起参加了房山区读者剧场大赛，而且获得了一等奖。我们一组八个同学，一人扮演玛丽亚老师，其他七个人分别扮演Do，Re，Mi，Fa，So，La，Ti。我们自己编排，一起排练，练着练着，把里面的台词都记住了，连别人要说什么也都记了下来，真是太不可思议了！

我很喜欢读者剧场这种学习形式，因为它让我感受到许多快乐，也让我对课文更加熟悉，从此再也不怕当众朗读课文或回答问题了。

【指导教师评析】

佳一同学一直都能按时完成作业，但上课几乎不举手发言，学习成绩也不突出，主要是在对话理解的习题上失分。随着读者剧场教学策略的推进，课堂上，时常能看到他主动举起的小手，以及和同学们合作时的愉快笑容。也许是读者剧场让他深刻体验到了对话中人物的动机和感受。现在，他在做情景对话的练习题时正确率很高，加上他平日学习态度端正，学习成绩有了明显提高。

其实英语很简单

北京十二中朗悦学校 高云蕾

我是一个幸运的老师，因为身边有很多优秀的老师，他们将前沿的知识和方法与我们分享，并帮助我们一步步地实践。通过不断地摸索尝试，看着学生们取得的进步，我的心中充满着成就感。每当我的学生自信满满地跑到我跟前对我说："老师，其实我觉得英语很简单啊！"我都会积极回应他，并告诉他继续加油。

我第一次接触读者剧场是我校李艳书记带领我们参加北京教育学院徐国辉老师的课题活动的时候，在徐老师、李艳书记的指导下，我带领一年级的"小豆丁"在中小学生读者剧场大赛（北京十二中朗悦学校站）的舞台上表演了 *A Is for Apple*。回看当时的视频，觉得学生当时的表演还是很精彩的。

读者剧场适合于所有学生。首先，它只需要朗读，不用背诵，学生可以手持剧本，这样就减少了学生的紧张感。其次，它不像戏剧一样需要华丽的衣服和很多的道具，我们只需要利用身边的材料，简单地做一些能体现人物角色的道具就可以了。再次，它能提高学生各方面的能力，比如提高小组合作能力，他们需要分配角色，需要在排练的过程中帮助对方纠音，需要给自己的角色配动作，有时候还需要集体做动作，他们都需要配合着去完成。读者剧场也提高了学生的学习能力，不仅组内学习，而且各组间也可以学习；不仅可以向优秀的学生学习，还可以向基础薄弱但表演能力强的学生学习。最后，它能提高学生学习英语的兴趣和自信心，读者剧场的形式让日常英语学习更加有趣，课堂气氛得到了有效调节。每一次开展读者剧场活动，学生们脸上都充满喜悦和自信，有时候还会自己给自己定目标。

在我的课堂上，我会针对本节课的重难点进行尝试，有时候会先让一个学生回答，之后全体学生再一齐回答。根据学生的表现，我会对学生的语音、语调、动作等加以指导。在操练环节，我会给学生提供支架，给一些基本的指导，然后让他们小组合作去练习。有时候，课堂时间不够，学生又没尽兴，我会在复习课上让学生进行读者剧场展示。与此同时，学生展示完后，其他组学生会针对他们的展示进行点评。在这个过程中，学生不仅复习了知识，而且得到了展示的机会。

通过读者剧场的实践，我觉得我最大的收获就是学生愿意跟我一起学英语，看到他们脸上自信与喜悦的神情，听到他们说“英语其实很简单”，被他们追着问“老师，咱们什么时候表演”，我觉得这就是我作为教师在教与学路上最大的收获！

【学生案例】

我叫张鑫蕊，来自北京十二中朗悦学校的4年级(1)班，我从一年级开始接触读者剧场。我很喜欢读者剧场的形式，因为不用背台词，小组同学能一起帮助我，老师也会带领我们一起表演。我觉得读者剧场的舞台给了我很大的自信。通过读者剧场，我可以关注到语音语调、肢体动作等，我觉得我的舞台表现力有很大的提高。开学初，我们以《拔萝卜》为剧本，老师带我们一起排练，我主动申请饰演小猫的角色，但是在表演的过程中，我总觉得动作有点儿不到位，经老师和同学们指导，我将小猫的语言和动作生动地表演了出来。尤其是我发出的“喵”的声音及做出的手势动作，让同学们连连称赞。我现在一点也不胆怯，我觉得学习英语很简单，我喜欢读者剧场，我会继续努力学习英语的。

【指导教师评析】

蕊蕊同学确实有很大进步。现在不管是在课堂上回答问题的声音，还是在读者剧场表演时需要注意的语音语调、动作，她都有很大的提高。开学初她饰演的小猫角色一开始的动作不是很到位，在小组间互相学习后，她“喵”的声音及手势动作都让同学们赞叹不已。现在她觉得学习英语很简单，成绩也在班里名列前茅，学习状态特别好。读者剧场不仅使她变得自信，也让她学习英语的兴趣变得浓厚起来。

第二节　中学段师生发展案例

读者剧场让我再次感受英语教学的快乐

北京市八一学校　史小鹍

我是一名从教 32 载的英语教师。从成为教师的那天起，我便给自己定下两条工作底线：一是不能因为个人原因导致学生厌恶英语；二是希望在我的帮助下，学生能够体验英语学习的乐趣与美好，掌握英语学习的方法与技巧，形成自主学习的意识与能力，并为他们的终身学习打下坚实的基础。特别庆幸的是自己找准了人生定位，并在平凡的教育教学工作中乐此不疲地奔跑着。

每每接手新的班级，我都会问自己：假如他们是我的孩子，那么我希望三年后他们会成长为怎样的人？三年的英语课堂会留给他们什么印象？这段生活对他们未来的人生会有怎样的影响？也许不是老师那“指点江山，激扬文字”的熟悉身影，亦不是树影婆娑、花木葳蕤的美丽校园，而是潜移默化的核心素养的渗透吧。

我喜欢学习！只要条件允许，各种有益于教学工作的新鲜事物、各级各类的专业培训我都会竭尽全力参与，并力图在常态教学中实践、感受、反思和完善。我喜欢挑战！不愿意给自己找各种借口降低对工作的要求或一味重复多年的教学模式。我喜欢追求完美！尽管这会给我带来成倍的工作量……而这一切皆源于我对教师工作的认识：一个每天和年轻人打交道的人只有不断追求激情和活力四射的生活，才能葆有年轻的心态，才能更加精力充沛地享受生活！

正是因为这样的心态，我得以在北京教育学院外语系组织的一次培训中初识“读者剧场”。对我而言，这是一种很新鲜且有挑战性的活动形式。彼时，我正深切感受到我所接触和了解的初中学生英语朗读能力普遍较弱的问题。除常见的读音不准、语音语调单一外，最突出的问题是意群断句不当、语气平淡、韵律感不足等，朗读者不能做到用有声的语言传达所读文本的深刻含义，也很难引起听者的情感共鸣。此外，学生朗读的自信心与朗读兴趣普遍偏低，缺乏良好的朗读体验。传统的朗读练习方式相对单一，学生容易感到无趣，往往对课后布置的朗读作业不够重视，效果自然差强人意。为什么不能用学生喜欢的方式教学，让他们爱上朗读呢？读者剧场的出现确实让我眼前一亮，心动的感觉油然而生！自己心里也暗下决心，一定要把这样好的活动形式用到自己的课堂上，解决我们的真实问题！

读者剧场是小组活动，它强调团队有机配合，可以提升学生团队合作意识与能力；在台词编排、角色分配等方面，学生也能拥有较大的自主权，有利于发挥他们的创造性。

读者剧场能帮助教师切实解决教学中的真问题。在阅读教学中，我们会发现很多学生在阅读文本时流于表面，没有复读的意识与习惯，时常脱离文本内容而从自身维度去理解语料。特别是有一些男同学，也许是性格的缘故，在阅读说明文体、议论文体这类条理清晰、逻辑性强的篇章时往往能准确捕捉主要信息；一旦阅读记叙文体的语篇，对故事发展脉络、人物心理变化等情感线的捕捉普遍偏弱。读者剧场的运用能帮助教师较好地解决这类问题，因为它强调朗读者对文本背后意义的建构与阐释，即利用声音将观众带进剧本的世界。它的价值在于以下几点：首先，为了准备读者剧场，学生需要多次练习才能流畅地展现对剧本的理解，其词汇解码能力、阅读速度、朗读表现力和韵律感等朗读能力会大大提升；其次，读者剧场因兼具朗读与戏剧表演而具有很强的趣味性和体验性，同时给学生提供了与阅读文本真实互动的理由。

读者剧场简单易行好操作。读者剧场是两个及两个以上的朗读者手持台词，把剧本朗读出来，不用背诵，学生的压力小；其他舞台元素，如走位、服饰、灯光等要求较低，主要以声音传情达意，学生的负担小；观众靠听和看接收信息，同时通过想象在脑海中建立自己的艺术世界；课内课外的材料都可采用，可操作性强。

本着不给学生增加太多负担的思路，我通常会从以下几个方面开展读者剧场教学活动。

一是要系统设计读者剧场实施方案。凡事预则立，不预则废。要想达到既定目标，必须事先设计周详、系统、操作性强的执行方案。比如本学期在常态教学中尝试引入读者剧场活动，我的方案包括实践前、实践中、实践后三个阶段。实践前要做好读者剧场导读课设计，让学生了解什么是读者剧场，让学生理解为什么我们要尝试读者剧场的活动以及如何实施读者剧场的活动等，从而调动学生的主动性，在思想上统一认识，在行动中享受过程，在分享中收获快乐。实践中，我们侧重做好过程性评价，师生共同学习和研制评价标准，以评价促发展。实践后，我们主要关注平台建设，旨在把学生的成长经历以视频、音频、图片、文字、现场表演等多种形式，通过年级艺术节、学科展演、班际交流和网络等充分展示，增强学生的成就感，进一步激发学生的想象力、表现力、创造力和执行力。

二是遵循由易到难、由简到繁的原则。学不躐等也！根据班情、学情和教学实际情况，精心挑选适合做读者剧场的语料。起始阶段，我通常从教材里选择简短对话、小语篇，并且是在课堂上能用 5 分钟左右完成的内容，从分角色、有感情朗读、加上简单的肢体动作入手。经过几次尝试，学生逐渐掌握了其中的诀窍后，再安排稍长的课内篇目，让学生当堂创编剧本、当堂排练和展示交流，基本上 10 分钟内也可完成。进入到后期，我会适当推荐更多体裁的课外作品，准备周期也可延长至一周或一个假期，以自愿结组的形式开展，从小组计划、角色分配、道具准备、自主排练、阶段抽查、视频展示、现场表演、同伴评价等方面进一步拓展。

三是尊重学生原创。心有多大，舞台就有多大！学生潜力无限，他们的表现总是让我感到惊艳。作为老师，我更愿意做一个陪伴者、欣赏者、记录者、观察者，在学生需要的时候适时出现，给予他们一些有针对性的指导。在实践初期，教师过多的干预往往会给学生带来束缚感，成年人的脑回路与孩子们是大不相同的。我们的介入有时反而会限制学生的想象与创造。不如先放开学生的手脚，让他们自由飞翔、尽情绽放。需要的时候，他们自然会主动征求老师的意见与建议。

作为从教32年的老教师，如果想安然度过最后几年教学生涯，复制粘贴以往的优秀经验何尝不是周全的选择？偏偏我是一个不太安分、不想墨守成规的人！纵然是到了事业期的尾声，仍不情愿重复既有的老调。我常和学生交流：一个人如果能够做到知行统一、学以致用，必成大事！且“学高为师、身正为范”，我们要求学生做到的，如果自己都不能身体力行，如何有说服力地去影响学生呢？故而，只要是有学习的机会，我都会积极参与，并乐于将学到的新理念、新模式、新方法有选择性地进行个性化的实践。

说到在读者剧场实践中的收获，我想那应该是创新实践的新鲜感、学以致用的成就感、激活学生的满足感和成就彼此的幸福感。宏观层面看，这样的实践一方面成全了我一以贯之的教育理想，同时在潜移默化中影响着学生。中观层面看，它提供给我们一种可能，即让学生以自己喜爱的方式学习英语。微观层面看，它切实解决了我在教学中的实际问题，引导学生在自主创造的语言学习环境中走进文本，与作者、与角色、与自己、与社会展开对话，从而实现现实生活与英语学习的有机结合。

【学生案例】

我是来自北京市八一学校初一年级的张雨晗。我是在初一申报选修课时接触的读者剧场。学期伊始，在校园平台选修课填报时看到了“读者剧场”课程和授课教师的介绍后，我便毫不犹豫地将其作为第一志愿进行了申报。对读者剧场没多少了解的我却在这门选修课中与英语一次又一次碰撞出火花。

我们先是了解“读者剧场”课程的培养目标，并通过欣赏视频与电影感受它的魅力，后来就开始分角色阅读绘本，以各种各样的形式将一个又一个精彩的故事表演出来。有时我们会被一些生词难倒，同学们就会互帮互助。读者剧场不仅使我的英语水平与词汇量有了很大提升，还让我结交到了不同年级、不同班级的朋友。刚开始，我还有些腼腆，表演对我来说是个难题。在朋友的鼓励下，我逐渐融入，并感受到了来自团队的力量。读者剧场是一个有趣且能锻炼自己的舞台，它令我受益匪浅！

【指导教师评析】

小张同学是一个性格内向、有些腼腆的女生。课堂上的她认真、专注，却很少主动参与课堂活动；不过一旦有任务分配，她可以迅速进入状态。可以看出小张同学有一定的语言基础，有改变现状、努力提升的愿望，缺少的可能就是一个可以推动她勇敢迈出第一步的挑战性活动平台了。

在课程后半部分，我们选定的书目 *The Wonderhair Hair Restorer* 讲述了一个关于生发剂的故事，将一家人的生活展现在我们面前。在剧本创作和排练过程中，小张同学根据自身特点，主动承担了剧本编写及旁白工作。在创作剧本时小张同学尽量保持原有情节不变，同时增加了女儿的心理变化，以凸显她对父亲的关心。排练过程非常顺利，每个人都有事做，没有任何一名同学将活动视为儿戏，大家认真对待活动的态度使小组的效率非常高，圆满完成了任务。在朗读和表演过程中，一切情感可以很夸张地表现出来，这种快乐是平时无法获得的。特别是当一个故事朗读完毕，获得满场掌声的时候，那种油然而生的成就感令人难忘。读者剧场同时也是一个磨砺自身的机会，每一次展示时同学和老师所给予的建议都是下一次展示努力达成的目标，同学们可以在一次次的分享中有很大的收获。有人能够认真倾听自己的朗读、认真观看自己的表演，这本身也是一种被注意到的快乐。

小张同学的案例让我们不难看出同学们在"读者剧场"的舞台上语言能力、文化意识、思维品质及学习能力这些英语学科核心素养方面的成长痕迹。这一生动、鲜活、富有挑战性、充满创造性的团队活动形式值得我们在常态教学实践中大胆尝试。学生的潜力无限，只要教师搭建的平台允许他们以自己喜爱的方式学习，我们尽可期待学生绘制出绚烂的画卷。

读者剧场为阅读教学打开了一扇窗

北京市张坊中学　李云军

自 1994 年从北京理工大学英语专业毕业，至今在教师岗位上已经耕耘近 30 年。从最初的懵懂无知到现在的桃李满天下，从一个初出茅庐的毛头小子变成了资深老教师，其中的教学也经历了一次次的蜕变，特别是北京教育学院在我校落地的"协同创新"项目，真正给了我醍醐灌顶的提升，帮我成长为一名真正的科研型教师。

记得是在一次专家组织的协同创新项目组的教研活动中，北京教育学院徐

国辉老师给我们展示了一段国外孩子们做读者剧场的视频，我一下子被这个形式吸引了，感觉这个既锻炼了孩子们的朗读，又不至于像以前课堂朗读那样枯燥无味。当天，专家还组织我们一起利用北师大版教材七年级下的 *Weather in Beijing* 做了尝试，每个老师都积极参与，感觉自己就像个孩子一样，享受着这种新鲜的朗读形式带来的乐趣。我下决心一定要把它介绍给我的学生们。

为了更好地使用读者剧场，在专家的协调下，外教 Rose 老师给我们做了专题分享。在此过程中，我们不仅对读者剧场的理论、发展过程有了深入的理解，还通过几个场景体会、对比、实践。从选材到改编，再到分配角色、动作设计、合作表演，我对读者剧场有了一个完整的体验和认识，为今后带领学生实践奠定了良好的基础。另外，北京教育学院的专家们还为我们提供了一些网站学习。经过这一系列的学习和实践，我对读者剧场这一活动有了更深入的理解。

后来在教学中，我是这样实践读者剧场教学形式的：

第一步，让学生观看国外读者剧场的视频资料。第二步，让学生讨论读者剧场的朗读和普通的朗读有什么区别。第三步，调查学生更喜欢哪种方式及喜欢的原因。第四步，观看老师实践表演的读者剧场视频，进一步激发学生的兴趣。第五步，讲解读者剧场的起源、优势、特点、实施中的注意事项以及在学习中的重要作用。第六步，实践。这一步需要多次反复，学生实践—教师指导改进—再实践。开始可以尽量不在表演中打断学生，帮学生树立自信，锻炼胆量，对学生表演中的亮点要大力表扬。

这一路走来，从对读者剧场不了解到熟知再到熟练运用，这个过程既艰辛，又充满喜悦。

首先，我收获了一种新的提高学生朗读能力的方法，这种方法能更好地激发学生学习英语的兴趣和动力，同时学生能在这个过程中享受表演带来的乐趣和成就感，而且在改编剧本的过程中，学生的英语思维能力、语言表达能力都有了不同程度的提高，另外，读者剧场的优势还在于通过这一活动不仅能够检查学生的语音、语调、流畅度，还能通过学生的表演看出学生对文本是否理解以及理解的程度。

其次，读者剧场教学形式的尝试也让我有了很多新的认识。教学就是一个不断尝试的过程，只有多尝试一些新的方式方法才会拓宽英语教学的路径，学生才会对英语学科感兴趣，老师的教学热情才会重新焕发出来。

最后，从读者剧场本身来说有很多要注意的地方，比如选材，不是任何文本都适合做读者剧场，既要难度适合，内容又得让学生能表演，语言本身还不能过于复杂。文本可以做适当的改编，这也能锻炼学生的书面表达能力。

【学生案例】

我是张坊中学2018届初三(3)班的学生乔雄伟。在班里我是个不多言不多语的孩子，上什么课都轻易不发言，和别人交流也总是爱低着头。最初英语成绩应该算班级里最差的一个了，一开口基本都是错的，所以我对英语学习基本没兴趣。2017年，老师第一次在班里为我们展示了国外小朋友做的读者剧场的视频，大家都非常兴奋，感觉很好玩，但是我没啥兴趣，因为我根本听不懂。后来，老师又让我们观看了在教研活动时老师们自己表演的读者剧场视频，老师说这个叫Readers' Theatre，就是读者剧场的意思，是朗读的一种形式，听到这个我感觉很新鲜，抬头看了老师一眼，正好跟老师四目相对。老师就过来问我："小乔，你说这和咱们以前的朗读练习有啥区别啊?"我又低下头，低声地咕哝了一句："这个不仅是朗读，还有表演。"可能是老师没听清，他又让我说了一遍。老师可能感觉到我确实被吸引了，就接着问我："那你喜欢哪种?"我说我肯定是喜欢第二种。从开始在老师帮助下利用简单的课外读物改编剧本，到后来教材中的简单对话，再到最后初三时利用教材中较长的文本自己改编，我从最开始在组中因为不会读不愿意参与读者剧场活动，转变为能够积极参与改编台词、勇敢表现自己，我现在深深地感到：英语其实也不难。

【指导教师评析】

记得在最开始他们组表演《三只小熊》时，小乔同学还不敢抬头看大家，但到后来开展《泰坦尼克号》和教材中的*Body Language*读者剧场活动时，他不仅不再是只表演最简单的句子，还参与本组负责的台词的改编。小乔在语音语调的把握、连读的运用，以及写作能力等方面都有了提高，特别是对英语学习的自信心更强了。在课堂回答问题时会踊跃举手，在表演读者剧场时不再低着头，回答的声音也比以前大多了。在一次聊天中，他和我说："英语其实也不难，只要大胆地表达，积极参与各种活动，运用得多了自然就会了，也就不害怕了。"在初三中考英语的听说考试中，小乔取得了满分40分的好成绩。我相信他今后的英语学习会越来越好。

读者剧场让我遇见更好的自己

北京市第五中学通州校区　郭美岐

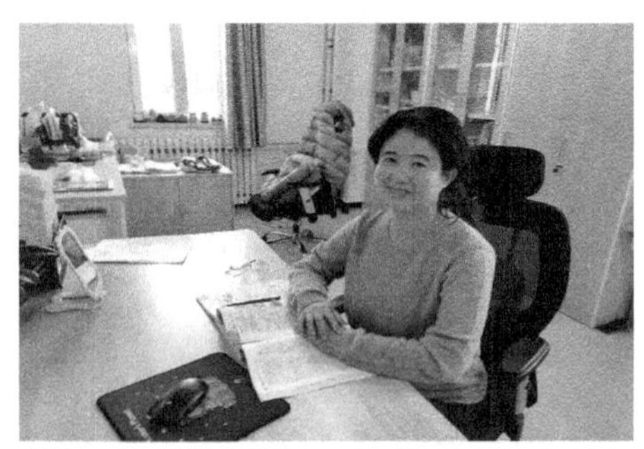

我的教育信念是德国哲学家雅斯贝尔斯的名言："教育是一棵树摇动另一棵树，一朵云推动另一朵云，一个灵魂唤醒另一个灵魂。"我与读者剧场初识于"青蓝"培训的课例展示。我所授课的内容是《多维阅读第 13 级》*Uncle Al Goes Camping with Us*，文本讲述了一个男孩和阿尔叔叔去露营的故事。本课共分两个课时，我负责第一课时，林岩老师负责第二课时。当时我们两人正在因为第二课时的内化输出活动而困扰。北京教育学院国红延和徐国辉老师提议，在输出环节尝试一下读者剧场。这是我第一次听说"读者剧场"这个词。在感慨自己孤陋寡闻的同时，我心里充满了疑惑：读者剧场是什么？读者剧场在课堂中是怎样操作的？我能辅助好借班上课的林岩老师，做好学生读者剧场的铺垫工作吗？

在接下来的日子里，我仔细观看了读者剧场的示范视频，阅读了相关论文，深入理解了读者剧场。读者剧场是一种对书面材料反复排练和表演、旨在培养参与者语言能力、以声音传情达意的多人(两人及两人以上)诵读活动。随后，我开始在自己的课堂中实践读者剧场。首先，我通过国内外读者剧场的视频，让学生们初步了解了读者剧场。随后，我展示了读者剧场的相关评价标准，使学生进一步了解读者剧场。最后，我选取了相关文段进行读者剧场的排练，让学生相互点评，不断提高他们对读者剧场的认识。在接下来的公开课上，学生课上的表现获得了听课老师和专家们的肯定。在那之后，我也将读者剧场运用到了日常教学中，学生对读者剧场产生了浓厚的兴趣。他们组内相互合作，改编剧本，通过不断排练，加深了对文本的理解，也提升了口语表达能力。

总之，读者剧场有效激发了学生用英语表达的欲望，提高了学生学习英语的兴趣，提升了学生学习英语的自信心。与此同时，师生关系更加融洽。读者剧场给了我新的前进和努力的方向，让我遇见了更好的自己。

【学生案例】

我叫王莹，初一的时候郭老师带我们认识了读者剧场。我当时觉得很新奇，因为是第一次接触所以记忆特别深，剧目的名字叫作《跟阿尔叔叔去露营》。为了练好这个读者剧场，我一直读、一直练，就这样我的口语表达能力提升了很多。同时，读者剧场让我深刻体会到团体合作的意义。没有团结协作的团队，是做不好读者剧场的。我当时负责的角色是看阿尔叔叔爬悬崖的同学，还要时不时发出惊叹，虽然不是主角，但也挺好。在后面的读者剧场活动中，我都会认真研究、积极参与。因为读者剧场，我的性格比以前开朗了很多，更愿意和同学去交流。我对英语的兴趣也提升了很多。以前会走神，但现在好了很多。在刚刚结束的期末考试中，我第一次在英语考试中及格了，读者剧场给了我一个重新认识英语、提高英语口语表达能力的机会！

【指导教师评析】

小王同学是一个英语基础较弱、上课很少举手的学生。她的性格比较腼腆，不喜欢张口说英语。经过一段时间读者剧场的训练以后，她在课堂更加愿意去表达自己，举手的次数比以前更多了，学习英语的自信心提高了，性格比以前开朗了很多，更愿意和同学去交流。在刚刚结束的期末练习中，她的英语成绩第一次达标了。读者剧场给了她一个重新认识英语、提高英语成绩的机会！

魅力读者剧场，谢谢你！

北京十二中朗悦学校　李玮

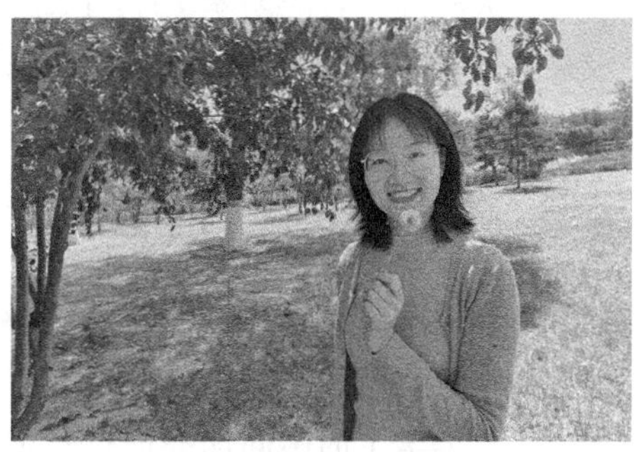

2018年的秋天，我第一次接触到了读者剧场。当时我刚刚入职朗悦学校，跟随着李艳书记还有英语组的同事们一起参加了徐国辉教授在房山区教师进修学校举办的分级阅读研修班。我还记得当时刘红梅老师向我们展示了 *Pete the Cat：I Love My White Shoes* 这个绘本，里面的故事非常有趣，我们每个人都扮演了 Pete 这只有个性的小猫咪，用声音和动作感受并表达着它一路上的经历和心情。这种体验真的太棒

了！我非常激动，感觉就像发现了新大陆一样，原来英语还可以这么好玩！刘老师还带着我们边弹吉他边演唱“I love my white shoes，I love my white shoes …”，这首歌在我耳边魔性地出现了好几天！现在看来，刘老师当时选择的绘本是非常合适的，带领学生初次体验读者剧场的时候就可以直接用它。后来在研修班里，徐老师又带着大家用 *Weather in Beijing* 中一个个的小段落进行体验，扮演不同的角色，并用声音表现出来，对于爱表演的人来说，这真是个快乐的天堂！

基于这几次成功且愉悦的体验，我从一开始就认为读者剧场操作起来很容易，因为对于初中生来说，你要告诉他们今天不用背书了，而是用读者剧场的形式朗读出来，可以看课本，还能跟同学一起合作，那对他们来说简直太幸福了，做作业的劲头都比平时足了好几倍。读者剧场很容易被学生接受，还能以此让学生多张口，这对老师来说何乐而不为呢？我记得当时在研修班体验完之后，回到学校，我就迫不及待地展开了实践，模仿在研修班体验的过程，让孩子们感受了一把，让他们对读者剧场有了初步的体验。后来在社团里有了更多的机会去实践，基本上每周我都会利用社团的 40 分钟，把新的想法试一试。直到现在我还能回想起七八个学生表演 Cinderella 时的样子：他们有的头上裹着头巾，有的手里拿着扫把，有的尖声喊着“clean the kitchen”。每每想到这个场景，我都不禁会笑出声来。读者剧场也是我们师生之间一份美好的回忆啊……

后来没过多久，徐教授就想要大胆尝试，举办第一届房山区读者剧场大赛。由于我当时带的班级多，时间比较紧张，所以我就选取了 2018 年全美读者剧场大赛第一名的剧本 *Life Flight*。在人员的选择上采用了班级海选、年级终选的方式，最终敲定 8 位最优秀的学生作为这一次读者剧场的排演成员。在那 1—2 个月的时间内，我们基本每周会抽 2—3 个下午，把这些学生集中在一起，观看视频并一段一段地进行模仿。与此同时，我还带六年级的小学生参赛。根据他们的年龄特点和喜好，以及绘本语句的难易程度，我给他们选择了“丽声英语小剧场”系列丛书里的《龟兔赛跑》绘本。“丽声英语小剧场”这套绘本的优势在于它已经把台词分配好了，所以老师只需要在它的基础上加入合适的动作，根据学生的不同优势进行一定的改编或完善，准备起来没有那么复杂。这两个节目在那次比赛中分别获得了特等奖和一等奖。这也给参加读者剧场的学生带来了很大的自信，他们体验到了其中的快乐，对英语学习也更加有兴趣了。

第二次真正意义上实践读者剧场是在2021年秋季开学时，我开始带新一届的初一年级。在上一年初三教学经验的基础上，我认为利用课堂扎实听说教学非常重要，尤其在初一、初二年级，打好听说的基础更为必要，而读者剧场就是其中一种非常好的、受学生喜爱且易于操作的方式。恰巧此时我们又接触到了PBL这种项目式学习，因此我决定用为期一学期乃至一年的时间来再次实践，力争帮助学生在初一就打好英语听说的基础。这次实践和之前相比确实有了很大的不同。首先在对读者剧场的理解上比之前更加深入，也更加细致。通过阅读国内外相关的文献，我发现之前我对读者剧场的理解是比较浅显的，实际上如果想要通过读者剧场系统地培养学生的朗读素养，要做的事情还是很多的，并且一定要科学地做好规划并逐步实行。所以，在初一年级上半学期，我决定利用课本上的对话或者是小语篇，字数都不多，能保证在课堂上给学生更多的表演机会，鼓励他们张开嘴，与同学合作，让他们不出课堂就能够内化所学。事实证明，基于教材内容的读者剧场确实深受学生们的欢迎。每次在课堂上排练读者剧场的时候，他们都会以小组为单位围在一起，甚至不愿意坐在座位上，对读者剧场表现出了极大的热情。他们的表演也通过一次次的指导和改进，以及周围人的鼓励和评价，变得更加自然、自信，英语朗读也越来越流利。

通过学生在课堂上对读者剧场的反馈，以及后期我所做的调查问卷，我发现读者剧场给学生带来了很大的变化。我也从中更加深刻地理解到，把舞台交给学生，让他们有更多自主探索、合作学习的机会，能够在更大程度上发挥他们的潜力。轻松快乐的读者剧场让学生在观赏他人表演的同时，也逐渐学会了欣赏他人的优点，学习他人的长处。在欢声笑语中，师生之间、生生之间的关系也更加融洽了。

【学生案例】

我是来自北京十二中朗悦学校七年级(4)班的许佳彤，我的英文名字叫Susan。我还记得在没有接触读者剧场之前，我总是沉浸在自己的小世界里，不敢表现，也不太习惯和同学们一起合作。直到新学期的英语课上，遇到了读者剧场，改变才悄然发生。在我们的英语课上，李老师带着我们模拟情景和角色，尽情地朗读课本上的对话和课文，带我们观看和赏析优秀的读者剧场视频，模仿里面的动作和表情。每周李老师还会带着我们一起朗读*Uncle Al Goes Camping with Us*，*My Mum*等有趣的绘本，在课余时间指导我们一次次地排练，创造机会让我们在年级、学校以及更大的平台上展示风采。慢慢地，我发现，原来我也可以勇敢地、大声地读出英语，我也可以在小组里发光发热，我与同学们之间也有了更多的默契。我印象最深刻的就是，有一次我们小组在台上表演关于星期的一篇课文，平时一直都很内向的男生白子涵即兴发挥，张开双臂并大声喊出“Oh! Monday!”来表达他对文章的理解，全班同学都惊讶了，他那夸张的动作和表情引得我们哈哈大笑。虽然平时他的英语成绩并不出色，但读者剧场却一次次地激发了他的潜能，给了他大大的力量，他一天天自信起来的光芒令我备受鼓舞，让我觉得我也可以！读者剧场真的太有魅力了！经过长期的阅读和朗读练习，我的英语语感和口语表达越来越好，在不久前，我们班的听说成绩下来了，每个人都有所提升，真令人开心，我也变得更加自信、更加开朗了。我很感谢读者剧场，它给我的学习和生活带来了积极的变化。同学们，让我们一起朗读，一起成长吧！

【指导教师评析】

非常感谢读者剧场带给我的学生这样积极的变化。我想把读者剧场应用到英语教学中是一件正确的、值得每位老师坚持做下去的事情。从学生的描述中，我们也能看到，读者剧场就像一个宝藏。它带给学生的绝不仅仅是朗读能力、表演能力或者自信心等方面的提高，它更是一把帮助学生发现自我潜能的钥匙。在这个过程中，学生与自己、与他人、与世界都在建立着联系，探索与发现更广阔的内心世界和外部世界。所以老师们，还等什么呢？快快行动起来吧，让读者剧场带领我们的学生走得更远、飞得更高！

读者剧场让我发现学生眼里的光

北京十二中朗悦学校　蔡夏

我第一次观看读者剧场表演的时候还在朗悦学校实习，当时徐国辉教授在房山区教师研修项目中开展了一场读者剧场的比赛。那时我还不太明白什么是读者剧场，但是已经被眼前这些优秀、自信的学生们深深地打动了！从那时起，我便非常喜欢这种表

演形式，也愿意让这种形式在我的课堂中开展起来。

正式入职朗悦学校后，我非常幸运地加入了北京教育学院“协同创新”项目活动，在徐国辉教授和李艳书记的专业引领下，开展一系列教学研究与实践。在徐老师的指导与推荐下，我阅读了一些与读者剧场相关的文献，了解到读者剧场(Reader's Theatre)又名朗读剧场，是两个及两个以上的朗读者手持台词把剧本朗读出来，不用背诵；其他舞台元素，如走位、服饰、灯光等也可减至最低，故朗读者在没有压力的环境下主要以声音传情达意。读者剧场不仅能提升学生的朗读动机与朗读能力，还能促进学生对文本的深刻理解，提升学生团队合作的能力。

在了解了读者剧场的内涵与它的教育价值后，我开启了读者剧场的实践之路。我除了在教材语篇中开展过读者剧场的实践，也在整本书阅读的读后活动中引导学生通过读者剧场的形式进行演绎式表达。通过读者剧场，我见证了学生在英语学习的各个方面都发生了很大的变化：学生从不敢大声朗读慢慢变得更加自信了，对于阅读的兴趣也在逐步增强，他们总能带着浓厚的好奇心开始阅读，朗读流利度也有了明显的提升，他们也更愿意参与小组活动了，合作意识也增强了。

我在读者剧场的教学实践中也成长和收获了不少。通过实践，我看到了每一个学生的潜能，我更加相信学生，也更加懂得最大限度的放手。除此之外，我也更加懂得，学生能力的培养绝不是一朝一夕的事情，也不能仅仅停留在某几个课时中，教师应该长期坚持，在每次教学实践后及时反思收获与不足，并且不断调整与改进。

【学生案例】

我叫杨楚萌，是朗悦学校九年级的一名学生。我在读初中之前并没有接触过读者剧场，第一次接触已经是七年级了。在小学阶段，我的英语成绩还不错，但是我在说英语上自信心不足，常常一站起来，就憋得满脸通红，不敢大声表达。七年级刚开学，老师为我们展示了一些读者剧场的视频，我当时就被吸引住了，想着如果有一天自己能够那么自信大方地站在台上流利地说着英语，该是多好啊！在七年级 Get Ready 的学习中，老师开始让我们以小组的形式尝试进行读者剧场活动，我慢慢了解到，读者剧场就像戏剧一样，不过不用背台词，朗读者需要感受角色，然后匹配合适的肢体语言与语音语调。在第一次读者剧场的活动中，我主要负责了台词的撰写和角色的协调，在学习完

School Things 这篇课文后，我觉得这篇文本与我们的生活息息相关，准备日常学习用品是我们每天都在做的事情，如果可以演绎出来一定会很有趣。在改编剧本的时候，我想多增加几个角色，于是我让书包和课本都变活了，让它们也能开口说话。改编完剧本，我与组内成员一起排练。在排练的过程中，我们互相帮助纠正发音、纠正语调；在老师的提示下，我们增加了道具与一些肢体动作，那次的表演让我印象深刻。在这个过程中，大大地增加了我团队协作的能力，同时，原本不敢在人前表演的我，也慢慢变得大胆起来，读者剧场让我更加自信了！

【指导教师评析】

杨楚萌同学是一个协调力很强的孩子，但她在说英语方面自信心不足，常常一站起来就憋得满脸通红，不敢大声表达。通过读者剧场活动，她在小组中发挥了自己的优势，协调组员的分工，并且带领其他组员撰写剧本。通过一次次排练与最终的展示，她也慢慢地克服了自己“不敢说”的弱点，变得能够自信大方地在班级前表达。除此之外，她无论是在阅读的兴趣上，还是在朗读的流利度上都有了很大的提升。通过阅读剧场这种读演结合的方式，她增强了小组合作的意识与能力，更加爱上阅读，乐于演绎与创作。

读者剧场让师生都更加自信

北京市房山区第四中学　林岩

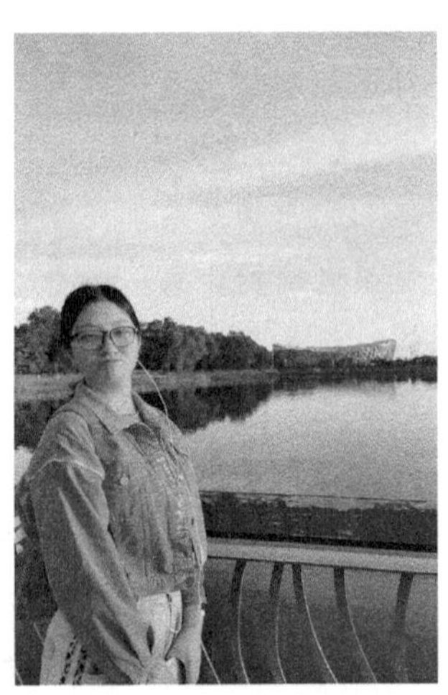

我任教于初中学段，截至 2022 年已有 5 年教龄。我的座右铭是“She laughs best who laughs last”。

第一次接触读者剧场是在北京教育学院与我校进行的协同创新合作项目中。2017 年，我刚刚入职，需要学习的东西特别多，也因为缺乏经验，教学成绩不甚理想。入职当年的第二个学期，我很明显地感知到一些后进生对于英语阅读抱着比较消极的态度，这让我很是苦恼。在一次去北京市八一学校学习、听课时，八一学校的史小鹃老师在讲授一堂阅读课时使用了读者剧场这种活动，这让我眼前一亮。过了几星期，市里又组织我们去人大附中通州校区听课，当堂上课的老师再次使用了读者剧场。我在惊讶于这项阅读活动受欢迎程度的同时，开始思索在自己的教学中是否也能够应用读者剧场。诚然，我校的生源和北京市示范学校肯定不能等同而论，产生的效果与那几次听课学生的表现或许也无法相提并论，但我却发现，读者剧场是一个可以让所有学生都动起来、都参与其中的活动。哪怕是班里最落后、考试只考三十几分的学生，也能在读者剧场中获得学习、参与的愉悦体验，增强自信，并对英语学习产生一定的兴趣。我想，这或许就是英语活动应该达成的目标。因此，我决定在班里课时富裕时偶尔尝试一下读者剧场的活动。

让我印象最深刻的是那次我们阅读《典范英语》系列 *Walrus Joins in* 绘本时的读者剧场活动。那是初一，当时班里有一名对学习不甚上心、考试每次都是及格边缘，但就是及不了格的女生。在我限定了学生只做第三章的读者剧场后，我让学生自己分组并排练，花了三天的课余时间，最后进行演绎。我没有要求学生必须背台词，读者剧场只要读就可以了。这名女生与同她关系较好的班里其他几名成绩相对优秀的女生组队，那些优秀生对自己要求颇高，一定要本组的最终呈现是不看剧本的。由于自身基础比另外几人稍差，看得出她背台词很是吃力。不过她很努力，一直在不停地问其他同学，请求她们的帮助。另外，她们对于剧本的分配也较为科学，这名女生负责的部分较少。最后，她们组的表现非常惊人。我也感叹于这名女生的变化，读者剧场这个活动让她找回了很多的自信和学习的快乐。2020 年中考，这名女生的英语成绩已经达到了 73 分，她学习英语的态度也发生了积极的转变。

读者剧场是一个在国内还不算特别普及的阅读活动，我希望以后自己可以在这方面多加努力，认真学习新的方法和经验，让自己的教学更上一层楼。

【学生案例】

我是房山区第四中学的崔斯咏。在步入初中的英语课堂之后，我接触了读者剧场。尽管有些陌生，但是在团结的小组合作下，我们完成了第一次表演。这很有助于我们学习和理解课文，我们化身绘本里的角色，了解主人公的处境，增添了英语学习的趣味性。同时，我们的口语水平得到提升。如今我已经参加了四五场读者剧场活动，有时课文的学习任务就是演一次读者剧场。在课堂中，一场场精彩的表演深入人心，对那一节的课文内容也往往记忆犹新。读者剧场增添了我对英语的学习兴趣，在表演的过程中还提高了我的英语口语能力。我相信，在接下来的学习生涯中，我和读者剧场的故事一定还会继续。

【指导教师评析】

崔同学英语基础较好，但是很少主动回答问题。读者剧场使她对课文内容记忆犹新。通过一段时间读者剧场的训练之后，她的组织领导能力明显提升。她能够很好地跟小组成员沟通，并带领小组同学进行剧本的改编。通过合作修改剧本、排练及表演，她的英语表达能力得到了提高，学习英语的兴趣也明显提升。读者剧场给她带来的是多方面的成长。

第三节　师生发展效果概述

基于前两节的师生发展案例，读者剧场对于教师和学生发展的作用主要可以归纳为以下四个方面。

第一，提升学生的学习动机和自我效能

上述案例中，教师在进行读者剧场的实践过程中观察到学生英语学习中的变化，学生体会到了快乐和成就感，尤其表现出对朗读英语的喜爱，在展示过程中也越发地自信。任教农村学校的李云军老师说道："读者剧场能更好地激发学生学习英语的兴趣，学生真正地享受表演带来的乐趣和成就感。"同时，学生多次提到在读者剧场准备和演出的过程中，他们不断增强自信心，更加有勇气用英语表达。

读者剧场最为关键的效果是提升学生的学习动机，学生对于读者剧场的构成要素备感兴奋，通常期待新的剧本和表扬(Clementi，2010)。阅读动机通常融合阅读兴趣、好奇心和投入度，能够提升学生的阅读效能，促进其持续阅读(Grabe，2009)。已有研究显示，教师应在阅读教学中提升学生的阅读动机(Miller & Fircloth，2009)。在读者剧场实践过程中，教师为学生提供同伴学习的机会，学生在创编剧本、排练的过程中相互磨合、信任，在鼓励中增进了感情，更加乐于参与读者剧场活动。同时，每位学生在不同分工和承担不同角色中树立了责任意识，在合作学习过程中产生了归属感。此外，学生在安全的环境中更愿意付出努力，不再害怕犯错误，认为英语学习变简单了，在相互欣赏的过程中提升了自我效能。自我效能即个体对于达成既定目标的能力的主观信念(Bandura，1977)，能够促使学生愿意付出更多努力。上述学生自述的发展案例体现出读者剧场能够提升学生学习的自信心、成就感、自我效能，进而促进学生的英语学习。

第二，提升学生的口语流畅度

流畅度是指学生迅速、准确，并借助适当表达进行文本阅读的能力，学生在重复阅读文本过程中不断学习并积累视觉词汇，促使流畅度提升(Clementi，2010)。提升阅读流畅度的有效策略之一就是反复阅读可解码的语篇(Tsou，2011)，而读者剧场涉及大量剧本，有助于提升阅读流畅度。流畅度构成要素之一是口头流畅度(Young，et al.，2019)。学生在读者剧场活动中通常会承担一定的角色，并在深刻体会语篇主题和角色基础上，借助声音、声调、语气、手势、动作和神情等方式进行口头表达，突出主题意义。

教师发展案例中有教师提到小学生扮演的国王、惟妙惟肖的小猫咪，另有教师分享了中学生在尊重原著的基础上添加了父亲的关心带给女儿的微妙心理变化的描述，无不体现出学生在主题情境中的意义表达。情境中改编的剧本能够有效促使学生在关注发音准确性的基础上，更好地把握节奏、重音，关注意群断句，实现在真实情境中与文本、作者、自己和生活的世界的多元对话，学生在排练的过程中反复练习剧本，在声情并茂地演绎的过程中不断提升口语表达的流畅度。

第三，落实英语核心素养的融合发展

《普通高中英语课程标准(2017 年版 2020 年修订)》明确提出发展学生语言能力、文化意识、思维品质和学习能力的英语学科核心素养。首先，本章前两节的师生发展案例表明，读者剧场能够促进学生对阅读文本的深度理解，学生在改编剧本，创造性地设计场景、剧情，排练，演出的过程中提升听、说、读、看、写等语言技能，凸显出读者剧场对阅读和写作的促进作用。其次，学生需要依据剧本调整台词以使其合理、流畅，需要选择适当的语气突出个性化的理解，需要创造性地设计剧情及呈现方式，思维品质的逻辑性、批判性和创新性三个层次均获得发展。再次，读者剧场所选用的语篇涉及教材、绘本，体裁涉及说明议论文以及诗歌等，语篇中蕴含丰富的文化知识，学生在主体意义探究的过程中形成文化意识，并且在读者剧场的表演中深化文化意识。最后，阅读策略的培养与读者的口语能力(阅读流畅度)也是紧密关联的(徐国辉，2021)，读者剧场在提升学生阅读流畅度的同时，促进了学生阅读策略的使用，学生借助认知策略和元认知策略完成对文本的阅读、深层理解、情境表达，最终完成读者剧场活动，提升学习能力。

第四，践行理论实践化的教师专业发展路径

本章前两节教师发展案例表明，读者剧场的实践研究践行了理论实践化的教师专业发展路径。可以说读者剧场对于大多数一线教师来说是非常新的教学理念。案例中有些教师是在协同创新项目学习中接触到读者剧场，也有教师是在一次视频中碰巧看到了读者剧场，还有教师基于教学实践问题，受到徐国辉老师指导，借助读者剧场解决学生口语学习中的实际问题。无论哪种情况，读者剧场这一新理念如何开展本土化研究都是老师们需要面对的首要问题。本书中实践教师基本上通过观看读者剧场录像、阅读相关文献等方式了解其价值和实施步骤，同时在项目导师徐老师的指导下，和其他教师一同探究读者剧场本土化的实践策略，在实践过程中收集困惑、问题，并不断反思、调整，最后取得实践读者剧场的成功经验，让学生受益。

从教师的实践过程中可以看出，读者剧场遵循理论实践化的模式是教师运用新理念解决教学情境中的问题的有效路径。教师通过文献理论学习形成对读者剧场的基本认识，在实践中探索本土化实施策略，遵循指向教师专业发展的“学习—实践—反思”动态循环。正如史小鹃老师所说：“喜欢学习！喜欢挑战！竭尽全力参与各种专业培训，在常态教学中实践、感受、反思和完善!”读者剧场践行的理论实践化的教师专业发展路径能够给予教师更多在实践研究中改进教学、助力学生发展的机会。

总之，读者剧场以其独特的魅力激发学生英语学习的兴趣，增加学生自信心，提高学生学习动机，促使学生在情境中表达自我、感悟人生。伴随着读者剧场研究的不断深入，给予学生更大的自主空间、高中学段的实践探索都是未来的研究者可继续探寻的领域。期待更多的师生参与读者剧场活动，将语言、思维、生活与世界融合于舞台上的精彩绽放。

参考文献

[1]Bandura A. Self-efficacy：Toward a Unifying Theory of Behavioural Change[M]. Psychological Review，1977，84(2)：191-215.

[2]Clementl L B. Readers Theater：A Motivating Method to Improve Reading Fluency[J]. KAPPAN online exclusive，2010，(2)：85-88.

[3]Coger L I，Melvin R W. Readers Theatre Handbook：A Dramatic Approach to Literature[M]. Glenview：Scott，1982.

[4]Dixon N. Readers Theatre：A Secondary Approach[M]. Winnipeg：Portage & Main Press，2010.

[5]Flynn R M. Curriculum-based Readers Theatre：Setting the Stage for Reading and Retention[J]. Reading Teacher，2004，58 (4)：360-365.

[6]Freeman J. Once Upon a Time：Using Storytelling，Creative Drama，and Reader's Theater with Children in Grades PreK-6[M]. London：Libraries Unlimited，2017.

[7]French V. "丽声英语小剧场"系列丛书第一级 Animal Talent Show [M]. 北京：外语教学与研究出版社，2015.

[8]Grabe W. Reading in a Second Language：Moving from Theory to Practice[M]. New York，NY：Cambridge University Press，2009.

[9]Jackson T. 阳光英语分级阅读初二下 The Wonderhair Hair Restorer (学生用书)[M]. 北京：外语教学与研究出版社，2018.

[10]Karabag S G. Secondary School Students' Opinions about Readers' Theatre[J]. European Journal of Educational Research，2015，4 (1)：14-21.

[11]Lekwilai P. Reader's Theater：An Alternative Tool to Develop Reading Fluency among Thai EFL Learners[J]. PASAA：Journal of Language Teaching and Learning in Thailand，2014，(48)：89-111.

[12]Litwin E. Pete the Cat：I Love My White Shoes[M]. New York：Harper Collins Children's Books，2014.

[13]McKay M. Story Vines and Readers Theatre：Getting Started[M]. Winnipeg：Portage & Main Press，2008.

[14]Miller S D，Faircloth B S. Motivation and Reading Comprehension，In Iserael S E，Duffy G G.（Ed.）Handbook of Research on Reading Comprehension（pp. 307-322）. NewYork：Routledge，Taylor & Fancis，2009.

[15]Pym T. 大猫英语分级阅读五级 1 Super Sculptures[M]. 北京：外语教学与研究出版社，2015.

[16]Shepard A. From Script to Stage：Tips for Readers Theatre[J]. Reading Teacher，1994，48(2)：184-186.

[17]Shepard A. RT Tips：A Guide to Reader's Theater[EB/OL]. Retrieved January 24，2022 from http：//www. aaronshep. com/rt/Tips. html.

[18]Sloyer S. From Page to Stage：The Educator's Complete Guide to Readers' Theater[M]. Westport，CT：Libraries Unlimited，2003.

[19]Tsou W. The Application of Readers Theater to FLES（Foreign Language in the Elementary Schools）Reading and Writing[J]. Foreign Language Annals，2011，44(4)：727-748.

[20]Worthy J，Prater K. "I Thought About It All Night"：Readers Theatre for Reading Fluency and Motivation[J]. Reading Teacher，2002，56(3)：294-297.

[21]Young C，Durham P，Melinda Miller，et al. Improving Reading Comprehension with Readers Theater[J]. The Journal of Educational Research，2019，112(5)：615-626.

[22]Young T A，Vardell S. Weaving Readers Theatre and Nonfiction into the Curriculum[J]. Reading Teacher，1993，46 (5)：396-406.

[23]Young C，Rasinski T. Implementing Readers Theatre As an Approach to Classroom Fluency Instruction[J]. The Reading Teacher，2009，63(1)：4-13.

[24]义务教育教科书英语(一年级起点)四年级上册(学生用书)[M]. 北京：北京出版社，2009.

[25]义务教育教科书英语八年级下册[M]. 北京：北京师范大学出版

社，2013.

[26]义务教育教科书英语九年级(全一册)[M]. 北京：北京师范大学出版社，2015.

[27]北京师范大学"认知神经科学与学习"国家重点实验室攀登英语项目组. 攀登英语阅读系列·神奇字母组合[M]. 北京：北京师范大学出版社，2012.

[28]郭颖. 中学英语教师职后专业发展路径初探[J]. 中小学外语教学(中学篇)，2021(1)：8-14.

[29]何洵怡. 以声音活出意象情韵——朗读剧场在中国文学课的学习成效[J]. 台湾师范大学学报(人文与社会科学类)，2004，49(2)：101-122.

[30]教育部. 普通高中英语课程标准(2017 年版 2020 年修订)[M]. 北京：人民教育出版社，2020.

[31]教育部. 义务教育英语课程标准(2022 年版)[M]. 北京：北京师范大学出版社，2022.

[32]林昌毅. 台湾十年来运用读者剧场于英语教学之研究趋势分析[J]. 台北城市科技大学通识学报，2016(5)：279-300.

[33]刘坚，魏锐，郑琰，等. 5C 核心素养：教育创新指南针[M]. 北京：教育科学出版社，2021.

[34]义务教育教科书英语(一年级起点)四年级上册(学生用书)[M]. 北京：人民教育出版社，2014.

[35]义务教育课程标准实验教科书英语(新目标)Go For It! (PEP)八年级下册(学生用书)[M]. 北京：人民教育出版社，2013.

[36]王丽娜. 许渊冲诗译赏析之《水调歌头·明月几时有》[J]. 湖北函授大学学报，2011，24(2)：153-154，156.

[37]王蔷，Eggleton J. 多维阅读第 3 级 No Kings in the Kitchen(皇帝与厨师)[M]. 北京：外语教学与研究出版社，2018.

[38]王蔷，Eggleton J. 多维阅读第 13 级 Uncle Al Goes Camping with Us(和阿尔叔叔去露营)[M]. 北京：外语教学与研究出版社，2018.

[39]王蔷，Eggleton J. 多维阅读第 13 级 Born to Be Free (生而自由)[M]. 北京：外语教学与研究出版社，2018.

[40]王英. 基于读者剧场的小学生英语阅读素养的培养探究[J]. 小学教学设计，2021(9)：9-12.

[41]徐国辉，李磊. 运用读者剧场提升乡村校中学生英语朗读素养的实践探索[J]. 中小学课堂教学研究，2019(3)：57-62.

[42]徐国辉，史小鹃，张金秀. 运用读者剧场提升中学生英语朗读能力与朗读体验的实践研究[J]. 英语学习，2018(6)：39-42.

[43]徐国辉. 关键英语阅读策略的概念解析、培养原则与评价机制[J]. 中小学外语教学(中学篇)，2021(6)：7-13.